Denis L. Rosenfield

O QUE É DEMOCRACIA

editora brasiliense

Copyright © by Denis L. Rosenfiled
Nenhuma parte desta publicação pode ser gravada,
armazenada em sistemas eletrônicos, fotocopiada,
reproduzida por meios mecânicos ou outros quaisquer
sem autorização prévia da editora.

Primeira edição, 1984
(Publicada sob o título A questão da democracia)
5ª edição, 1994
11ª reimpressão, 2017

Diretora Editorial: *Maria Teresa B. de Lima*
Editor: *Max Welcman*
Coordenação de Produção: *Laidi Alberti*
Diagramação: *Formato*
Ilustração: *Emilio Damiani*
Capa: *May Shuravel*

Dados Internacionais de Catalogação na Publicação (CIP)
(Câmara Brasileira do Livro, SP, Brasil)

Rosenfield, Denis L., 1950- .
O que é democracia / Denis L. Rosenfield. --
São Paulo : Brasiliense, 2008. -- (Coleção
primeiros passos ; 219)

8ª reimpr. da 5. ed. de 1994.
ISBN 978-85-11-01219-4

1. Democracia I. Título. II. Série.

08-07036   CDD-321.8

Índices para catálogo sistemático:
1. Democracia : Ciência política   321.8

Editora Brasiliense
Rua Antonio de Barros, 1720
03401-001 – São Paulo – SP
www.editorabrasiliense.com.br

Sumário

Introdução 7

I - O estado moderno. 13

II - A democracia 31

Indicações para leitura 99

Sobre o autor 101

À memória de Marcos, Sofia Luís e Fermina,
pelos anos passados.

*El concepto no es sino una última reflexión
sobre la vanidad de las cosas y del mundo.
El concepto brilla por un momento sobre la
página-espejo y se devanece: como todo y
todos, es tiempo que se disipa.*

Octavio Paz, Sor Juana Inés de la Cruz
o Las trampas de la fe.

coleção primeiros passos 219

Introdução

A democracia, no sentido etimológico da palavra, significa o "governo do povo", o "governo da maioria". Prevalece nessa primeira aproximação desse fenômeno político uma definição quantitativa. Basta lembrar que a democracia, na antiguidade grega, mais particularmente em Heródoto, é uma "forma de governo" entre duas outras: a monarquia ou "governo de um só" e a aristocracia ou "governo de alguns".

Essa divisão tripartida das "formas de governo", ou organização da *polis*, não obedecia entretanto a um critério meramente quantitativo, uma vez que a pergunta que orienta a filosofia política clássica pode ser enunciada da seguinte maneira: qual é a melhor forma de governo?

Observa-se que a questão concernente à "forma de governo" é, para o pensamento antigo, uma questão vital que diz respeito ao próprio *valor* de uma determinada forma de organização política. A finalidade da *polis* – da "cidade" – não é a simples sobrevivência, o bem-estar material, mas a liberdade política, o "bem viver", isto é, o *viver* de acordo com os valores de uma comunidade virtuosa e justa. Já Aristóteles dizia que a melhor organização da *polis* deveria ser o resultado de uma mistura entre a democracia enquanto *governo* da maioria e a aristocracia enquanto *governo* dos melhores, ou seja, daqueles que se distinguiram publicamente na condução dos negócios da coletividade.

Governo da maioria ou soberania popular, como diríamos hoje, e *governo* dos melhores constituíam questões candentes para o mundo ateniense, onde a forma de articulação das relações políticas se determinava pela inserção do indivíduo, enquanto membro da "cidade ", na comunidade dos homens livres. A " maioria" possui aqui um significado restrito, pois ela denota apenas aqueles cidadãos reconhecidos politicamente como tais, à exclusão de todos aqueles que se dedicavam às tarefas de reprodução física e material. A igualdade política determinava-se, positivamente, pela relação do cidadão ao todo do qual fazia parte e, negativamente, pela desigualdade social na qual ela estava ancorada.

Interessa-me salientar aqui que, entre os cidadãos, se instaura um *verdadeiro* espaço público: a "ágora" ou "praça pública". A "praça pública" torna-se efetivamente um lugar de encontro, de reunião, de discussão e de ações políticas, onde as decisões que dizem respeito ao conjunto da coletividade são elaboradas graças à confrontação de opiniões e à sua deliberação pública através do *voto*.

O mundo social, isto é, o mundo do trabalho, permanecia à margem desse processo de deliberação pública, *reservado* aos cidadãos. Embora uma tal divisão entre o social e o político sob a forma da escravidão seja inaceitável para os nossos olhos modernos, devemos entretanto ressaltar que a "escravidão" é um "estatuto jurídico" decorrente de uma relação de forças instaurada na guerra. Para o mundo ateniense, ela não fere os princípios políticos e morais de organização da "cidade".

É necessário ainda observar que o político está intimamente vinculado ao moral. A pergunta pela virtude remete à pergunta da melhor forma de organização política. Hegel, por exemplo, reproduz o diálogo de um pai com um filósofo pitagórico, quando o primeiro, dirigindo-se ao segundo, coloca-lhe a seguinte questão:
- Qual é a melhor forma de educar o meu filho?
- Faça-o membro de uma "cidade" cujas leis são boas.

A COMUNIDADE POLÍTICA

A pergunta pelo valor da lei está profundamente enraizada na filosofia política clássica. A resposta do filósofo pitagórico põe em relevo que boas leis não são dadas, mas nascem de uma *convenção* humana produzida pela atividade pública dos cidadãos.

Se tomarmos os valores democráticos da "cidade" ateniense, perceberemos que estes não são apenas representações subjetivas, válidas somente para o indivíduo que se confronta com uma situação política adversa, mas são constitutivos, enquanto instituições públicas, da forma mesma de organização política. Cada cidadão pode – e deve – confrontar a sua opinião com as dos demais, o entendimento nascendo dessa "contradição" entre enunciados diferentes que se articulam objetivamente através de instituições reconhecidas por todos como sendo as melhores.

Pode-se dizer que o *nomos* (a lei ou convenção) adquire a força da *physis* (natureza), de modo que o "mundo da lei" vem a ser o mundo da verdadeira "natureza humana". A comunidade política está assim aberta ao seu desenvolvimento e aperfeiçoamento graças a instituições que ganham o estatuto da "imortalidade", pois, sendo as melhores, estão destinadas a resistir ao tempo, vivendo além da vida de cada indivíduo, de cada geração e de cada época.

Um pai, como vimos a propósito do seu diálogo com um filósofo pitagórico, está profundamente preocupado, via educação do seu filho com os destinos da comunidade. O indivíduo é antes de tudo cidadão, ou seja, membro de uma cidade. Não se trata pois de uma preocupação estritamente individual, mas diz respeito ao valor e perenidade da coletividade. A comunidade política que é legada às próximas gerações provém da responsabilidade que cada um assume, hoje, em relação aos assuntos coletivos.

Estabelece-se uma íntima vinculação entre a encenação pública e a participação política de cada cidadão, de modo que a tensão entre as necessidades comunitárias e a participação política dos cidadãos não é rompida em proveito de um corpo administrativo encarregado dos assuntos coletivos, tal como acontece nos Estados modernos. O *público*, na democracia ateniense, diz respeito ao conjunto da comunidade e, em consequência, não é apropriado por especialistas das leis e da política que, situados acima de nós, se pretendem representantes do "bem comum".

As leis comuns – que não têm nada em comum com nossa Constituição anterior, que tinha se tornado uma colcha de retalhos imposta à nação – nascem das discussões e confrontações daqueles que expressam as suas opiniões, que discorrem sobre os assuntos públicos num lugar reconhecido como seu: o lugar do político. Logo, os cidadãos se dão coletivamente uma "forma de governo" através de ações políticas orientadas por valores postos à prova como pertencentes a todos. Esse lugar comum ganha então a forma de um espaço público vivido e atualizado pelo olhar, pela palavra e pela ação de cada um.

O processo de identificação da comunidade consigo mesma opera-se através do comparecimento dos cidadãos na praça pública, os quais, assim, fazem do público a forma mediante a qual a "cidade" apresenta-se a si pela atividade política do conjunto da coletividade. As noções de uma representação política que passaria pela formação de um corpo independente de políticos profissionais desvinculados dos cidadãos e de uma "administração" que toma o lugar do "público" são desconhecidas. O conceito de "política" refere-se efetivamente ao que é coletivo, ao que é comum a todos.

O ESTADO MODERNO

Se insisti nestas páginas introdutórias numa breve caracterização de alguns pontos do conceito grego de democracia, foi com o intuito de melhor pôr em relevo o seu contraste quando nos voltarmos para a análise da democracia moderna.

Imediatamente salta aos olhos a vinculação de fato entre a democracia e o Estado moderno. Mais precisamente, observa-se frequentemente que a democracia tornou-se uma adjetivação do Estado em expressões como "Estado democrático". É como se a democracia tivesse perdido a sua significação prática de ser o lugar público do processo de identificação da sociedade consigo em proveito de uma nova forma de organização política. Com efeito, o Estado moderno vem a cumprir esse papel de estruturação da sociedade a partir de uma nova posição: o lugar onde se cria o mecanismo que, independentemente do espaço público dos cidadãos, ganha existência própria e controla a sociedade desde fora.

O conceito de democracia sofre aqui um deslocamento que altera o seu sentido, pois, de "organização da *polis*", ele se tornou uma forma de governo possível do Estado. O Estado moderno configura historicamente um fenômeno político desconhecido que termina por fazer da democracia uma forma de legitimação do seu próprio poder.

A transferência do processo democrático público de tomada de decisões, que dava forma à comunidade, para um centro de poder situado acima da sociedade, acarretou uma reorganização política das relações humanas, resultando numa transformação dos próprios conceitos de "espaço público" ou de "governo da maioria". As categorias da filosofia política clássica tornaram-se insuficientes para a análise de um fenômeno político que, tal como uma substância, aceita várias aparências sem contudo modificar a sua significação essencial. A democracia pode inclusive vir a significar uma mera aparência de participação política, embora o seu sentido originário seja precisamente o de uma *efetiva* participação dos indivíduos nos assuntos públicos.

O mundo moderno criou uma entidade política que se encontra além das noções provenientes das "constituições antigas", que, até então, constituíam as categorias do nosso modo de pensar o político. Com efeito, o termo de Estado remete a duas significações:

1) uma denota o processo de organização da sociedade por ela mesma em um governo autônomo e, neste sentido, o Estado somos nós;

O que é democracia

O Estado Moderno

2) a outra designa o aparelho que, com móbiles próprios, governa a sociedade a partir de uma posição que lhe é exterior.

Estamos pois confrontados com duas significações que, juntas, excedem a um enfoque dos fenômenos políticos baseados apenas na noção de "formas de governo". O Estado no seu sentido de "governo autônomo" corresponde bem à noção clássica de "forma de governo", porém, enquanto aparelho moderno de governo, estruturado por uma máquina administrativa centralizada, ele significa simultaneamente uma nova articulação do social pelo político e do político pelo social.

Estado e sociedade tornam-se dois momentos que se medeiam reciprocamente, de tal modo que essa inter-relação cria um espaço propício ao desenvolvimento de uma administração voltada para a defesa das liberdades civis individuais e dos valores de uma economia de mercado. Isso significa que a liberdade própria da nova época nasce associada a uma forma de sociedade que fere constantemente os valores nos quais ela está fundada pois, ao mesmo tempo que procura assegurar o bem-estar individual, ela exclui grandes grupos sociais das vantagens dessa nova sociabilidade.

A liberdade política, liberdade de intervenção na cena pública, vem assim a contrapor-se a uma forma estatal de organização do espaço público que, em nome da necessária regulação dos conflitos sociais e do bem comum, vem a reduzir a possibilidade igualmente dada a cada cidadão de participação nos assuntos coletivos.

O político, no seu sentido antigo e moderno, está pois embutido no conceito moderno de Estado e, dependendo da significação privilegiada, teremos uma forma de abordagem da política moderna que tanto pode conduzir a um efetivo governo da maioria, baseado na pergunta clássica da melhor forma de governo, como pode desembocar no império total do Estado sobre a sociedade e os indivíduos.

A REVOLUÇÃO E O ESTADO MODERNO

Para podermos compreender o caráter próprio do novo Estado é necessário que nos voltemos para a Revolução Francesa, isto é, para a forma mediante a qual o Estado é reposto pela experiência revolucionária e pelas necessidades da nova sociedade.

Tocqueville insiste sobre o fato de que o Estado pós-revolucionário é uma continuação do Estado absolutista, um prolongamento do "Antigo Regime", porém ele assinala igualmente que o novo regime é portador de uma nova administração, nascida de necessidades socioeconômicas também novas. É, segundo suas próprias palavras, o progresso da sociedade que cria a cada instante novas necessidades, transformando o ser mesmo da antiga administração.

No momento em que a França, em 1789, precipita-se na experiência revolucionária, abre-se um novo espaço político onde, nada estando decidido, várias possibilidades podem ser vislumbradas. A nova administração não estava necessariamente inscrita nos destinos da revolução, mas, uma vez que ela foi engendrada, devemos perguntar-nos sobre qual é a sua função.

A revolução é uma experiência de destruição da hierarquia social, política e religiosa vigente e a sua substituição por uma sociedade baseada na igualdade dos cidadãos. Resulta entretanto desse processo a criação e o desenvolvimento de uma forma de organização política que restabelece a hierarquia sob uma forma individualista e administrativa. Se todos os indivíduos tornaram-se politicamente iguais, eles vieram a ser igualmente dominados por uma instância que lhes é superior.

No seio mesmo do Estado absolutista podia ser considerada uma compatibilidade entre o governo monárquico (mais tarde governo absoluto) e a uniformização, igualização e homogeneização dos cidadãos (qualidades estas que facilitam o exercício do poder em vez de impedi-lo). Porém, se uma refundição do social tornou-se necessária, era porque ela também visava os símbolos e valores da antiga forma de dominação na perspectiva mesma de criação de uma nova sociedade.

A cena revolucionária veio a ser um lugar de confluência de exigências propriamente políticas, nascidas da tentativa de instauração efetiva da liberdade para todos, e de reivindicações sociais, provenientes de uma grande massa de indivíduos que viviam na miséria. A cena pública torna-se assim um lugar não só de embates políticos, mas também de luta pela satisfação das exigências mais elementares de uma grande parte da população.

É nessa dupla determinação do espaço público moderno que o Estado se afirma e se desenvolve, sendo pois reposto pelo comparecimento na praça pública de novas reivindicações de fundo social. Se o Estado foi reaproveitado nesse processo de recriação do social é porque ele respondia a uma necessidade então presente.

O advento de uma economia de mercado, que, na crueza da Revolução Industrial, desagregou as relações sociais e lançou o indivíduo assim abandonado no mercado, engendrou a sociedade moderna. As relações sociais tornaram-se progressivamente relações entre indivíduos isolados uns dos outros, submetidos tanto ao poder das leis do mercado como ao poder do Estado.

O processo de reposição do Estado moderno é então realimentado por exigências sociais provenientes de uma economia de mercado que faz com que as "coisas públicas" se decomponham em uma espécie de administração do social. Sociedade de mercado e Estado administrativo são o reverso um do outro; ambos elementos ativos de um mesmo processo de diluição do político em algo social, de modo que a cena pública adquire cada vez mais um caráter meramente administrativo.

UMA REVIRAVOLTA SOCIAL

A modernidade caracteriza-se por uma profunda transformação das relações humanas, destacando-se, a nível político, a emancipação das relações sociais de qualquer inscrição natural ou divina – o corpo do rei como corpo da nação, por exemplo – e, a nível socioeconômico, o primado do mercado e dos valores mercantis-utilitários sobre as outras esferas da vida humana.

O movimento econômico da nova sociedade converte tudo o que se apresenta em seu caminho em mercadoria, o homem e a terra inclusive. Os homens tornam-se coisas, desvinculam-se uns dos outros e rompem muitas das ligações que os uniam a outras formas de sociabilidade. O que hoje aparece como "natural", dando-nos a ilusão de leis econômicas que independem da vontade dos homens, é o resultado histórico e político de profundas transformações sociais que chegaram a questionar o que entendemos por natureza humana.

Uma tal situação, por exemplo, era inexistente no Estado absolutista, onde, mediante o sistema mercantilista, a destruição do particularismo do comércio local e intermunicipal e o subsequente desenvolvimento do mercado nacional acarretavam simultaneamente uma maior regulamentação da vida econômica. O econômico permanecia submetido ao político.

Karl Polanyi assinala que a concorrência, subordinada ao controle estatal e às relações sociais não-mercantis, permanecia contida nos limites impostos por uma administração centralizada que favorecia formas autárquicas de sobrevivência nas famílias camponesas assim como na vida nacional. De fato, a regulamentação e o mercado cresceram juntos, sendo que a ideia de um mercado que se autorregula era desconhecida. O aparecimento da ideia de autorregulação do mercado por ele mesmo e a tentativa política de realizá-la praticamente representam na verdade uma completa reviravolta na tendência então vigente da sociedade.

O advento de uma economia de mercado imprime, pela eliminação gradativa ou violenta de formas sociais não-mercantis, um novo movimento tendencial à sociedade, que torna o cidadão um mero objeto de troca. O social, o que significa também os indivíduos, fica por assim dizer comprimido entre o econômico e o político, pois a automatização das relações econômicas lançou os indivíduos assim atomizados nos braços do Estado, em busca de proteção mas também de uma nova instituição do político.

As relações contratuais foram estendidas à terra (secularização dos bens da Igreja) e aos homens (trabalho assalariado), de tal maneira que o Estado veio a ocupar a posição de mediador dessas relações de troca. Desenvolve-se, em decorrência, toda uma organização administrativa e jurídica cuja função consiste em encarregar-se dessa atividade de regulação.

A especificidade de um tal processo reside no fato de que não se trata de uma simples troca de objeto, mas do homem enquanto objeto trocado. A regulação da troca entre homens tratados como objetos tomará a forma jurídica da legislação social, visando a proteção do homem contra a decomposição sofrida pelo tecido social.

Observa-se que a tensão nascida da exigência de uma maior participação política por parte daqueles que são excluídos de uma vida digna em sociedade tanto pode tomar a forma de uma efetiva liberdade política como pode cair em reivindicações que terminam por assegurar a perenidade do Estado. O que importa salientar é que a conquista de vantagens sociais, um direito conquistado pelos trabalhadores, ao ampliar a própria esfera de atuação da democracia moderna, teve também como consequência uma maior adesão moral e política aos valores dessa sociedade. A passividade política observada nos Estados modernos, é ela mesma decorrente do predomínio crescente dos valores individualistas de uma sociedade regida pela ideia do bem-estar material e do medo de enfrentar-se um Estado poderoso cujos tentáculos tendem a controlar a vida de cada um.

A transformação da situação material da sociedade, se não vier acompanhada de uma efetiva democratização dos espaços ocupados pelo aparelho estatal, não modificará as condições políticas que tornaram essa situação possível. Uma administração situada fora do processo de decisão política permanece à margem do que é público, ou seja, a burocracia estatal apropria-se dos mecanismos reguladores da vida social e econômica sob uma forma que se pretende imparcial, como se a democracia fosse um simples ritual eleitoral. A "coisa pública", numa tal situação, é tudo menos pública.

A busca do bem-estar material pode ocupar o lugar da ação política, e em vez de termos indivíduos preocupados com os assuntos políticos da comunidade teremos indivíduos egoístas e apáticos, sem nenhuma preocupação com o outro. Essa tendência, uma vez resolvidos os problemas básicos mais prementes da sociedade – como é o caso nos países industrializados –, é a da indiferença, do interesse estritamente particular, chegando inclusive a atingir o caráter mesmo das manifestações políticas que ganham um cunho corporativo.

O direito de voto, apesar de ser uma das mais importantes conquistas operárias do século XIX, pode tornar-se um simples ritual, deixando intacta a estrutura política e social se ele não vier acompanhado de outras formas de intervenção política.

Em Estados que transitam para a democracia, como o nosso, o descompasso entre manifestações de rua que exigem a soberania popular e a apropriação pelo Estado dos mecanismos de decisão política pode vir a gerar tanto uma efetiva democratização do país como a sua apropriação formal por uma elite política, sem falar na possibilidade de uma não-transição à democracia.

Importa ressaltar que o Estado pode inclusive fortalecer-se, o que significa que a participação política possa tornar-se cada vez mais uma forma de obter favores e concessões do Estado, em vez de reivindicar uma efetiva abertura do espaço público. A democracia, enquanto forma de exercício da liberdade política, não se confunde com a satisfação das necessidades materiais da população, que pode também tomar formas políticas autoritárias e mesmo totalitárias.

O PREDOMÍNIO DO MERCADO

Se o mercado, na intensidade sem limites do seu desenvolvimento, tornou frágeis todas as instituições existentes, se ele desenraizou o homem do seu contexto tradicional e comunitário, todas as medidas tomadas para controlá-lo deverão considerar esta instabilidade que veio a ser um dado bruto dos tempos modernos. O individualismo da nova época não é apenas a emergência de novos direitos do indivíduo, mas também a busca desenfreada do lucro, o abandono de cada um diante das leis do mercado.

A dificuldade reside, para uma análise desse fenômeno, em manter juntos esses dois lados do mesmo problema, pois tentativas observadas no século XX, de eliminação do mercado, terminaram acarretando a supressão dos direitos dos indivíduos e da própria liberdade política.

Na época moderna, percebemos um processo de socialização do domínio público e de controle administrativo do que é coletivo, ambos os processos criando condições para o desenvolvimento de uma sociedade baseada nos valores do bem-estar material e da utilidade. Isso significa que nas condições de uma economia "selvagem" de mercado, o bem-estar de um indivíduo ou de um grupo social implica a eliminação de outros indivíduos e grupos sociais das mesmas vantagens econômicas e sociais. Novas desigualdades sociais então se desenvolvem, tornando necessário o engendramento de uma instância tendo como função a proteção das fortunas privadas e do seu processo de reposição.

Observa-se a produção, como lados da mesma moeda, de dois domínios igualmente independentes no que diz respeito aos indivíduos: o Estado, instância político-administrativa, e o capital, sendo ambos fatores ativos de uma nova temporalidade histórica. O capital, por exemplo, transcende as fortunas individuais, invade a esfera do Estado (empresas estatais), dá nova forma às relações sociais e permanece quando nós já não mais estamos lá.

Essa autonomização do econômico e do político é uma das condições do advento de uma sociedade que iguala todos os indivíduos como objetos. A singularidade de cada indivíduo tende a desaparecer em proveito de uma uniformização do social, isto é, passa a vigorar na sociedade um mesmo comportamento que faz com que o público, o político, se torne uma questão medida em termos de utilidade material e individual. Devemos assim nos perguntar se a voracidade de uma sociedade de consumo não é uma forma de antropofagia da natureza humana por ela mesma, tendo como consequência a eliminação de tudo aquilo que podia ser considerado como um ponto de referência humano.

Porém é necessário igualmente ressaltar que, embora essa forma de sociedade seja um dos traços distintivos da nossa época, ela não se esgota em uma tal formulação. A sociedade moderna, no seu percurso, anunciava – e anuncia – outros valores e outras alternativas históricas. C. Lefort pôs bem em relevo que a produção e o desenvolvimento dos direitos civis (liberdade de expressão, de imprensa, de circulação e de organização sindical) percorrem todo esse processo histórico e são determinados por ele, criando pois condições para o surgimento de novas formas sociais, bem como de outros modos de participação política.

O que veio a ser chamado sociedade civil desenvolveu-se nos embates do advento de uma economia de mercado segundo os princípios de uma estrutura política que acolhia em si o processo de aperfeiçoamento de suas instituições. Ela não se deixa reduzir à mera defesa dos interesses materiais, porém indica outros caminhos a serem trilhados, outras formas de exercício da cidadania. Aparece no horizonte a possibilidade de retomada, pelos cidadãos, das condições efetivas de uma participação política que, voltada para a liberdade política, possa ser capaz de diminuir as desigualdades sociais sem cair na miragem de uma sociedade plena e transparente.

AS REPRESENTAÇÕES DEMOCRÁTICAS E O BANCO CENTRAL

O processo de reposição do Estado aumentou a distância entre as representações políticas democráticas e o desenvolvimento de toda uma estrutura administrativa, criando uma contradição entre as novas possibilidades de produção de um espaço público e as condições sociais e técnicas que podem tornar aleatória uma tal realização.

Embora o sufrágio universal tenha-se tornado uma realidade nas democracias ocidentais (ou está se tornando naqueles países que transitam para a democracia), embora diferentes formas legislativas tenham-se aperfeiçoado, não é menos verdadeiro que decisões que dizem diretamente respeito à vida nacional são frequentemente tomadas sem nenhuma consulta popular. A política fiscal, econômica e financeira permanece, sob a forma de um saber esotérico e do controle de informações – como vemos cotidianamente num país como o nosso –, fora dos processos democráticos de tomada de decisões e é executada à margem do controle legislativo. K. Polanyi, cuja obra *A grande transformação* foi publicada em 1944, poderia estar falando do Brasil de hoje: "Politicamente, a identidade da nação era estabelecida pelo governo, economicamente ela provinha do Banco Central".

Ora, são precisamente essas políticas que configuram o rosto da nação e a rearticulação interna das relações entre os diferentes grupos e classes sociais, tirando de uns para dar a outros.

Pode-se denominar essa função do Estado de função mediadora, pois ele ocupa uma posição central no processo de identificação da sociedade consigo mesma. É através dele que a sociedade se determina. Ou ainda, o Estado coloca-se acima desse processo, modelando-o.

Se a noção de "modelagem" da sociedade conheceu um destino tão funesto nas experiências totalitárias é porque, de certa maneira, esse destino já se anunciava no modo através do qual a sociedade percorria o seu próprio processo de identificação. Isso significa que o Estado veio a ser um mecanismo funcionando segundo uma lógica própria, garantindo ao mesmo tempo o seu fortalecimento, encenando o bem comum e destituindo os cidadãos da sua capacidade de intervir politicamente no assuntos públicos.

É importante sublinhar aqui que a lógica particular do poder é a de uma máquina aspirando em si o processo de determinação do social. Não fosse essa instância superior, a sociedade poderia determinar-se diferentemente, como tivemos a ocasião de ver a propósito da cidade grega.

Nada mais "normal" então – para aqueles que olham a sociedade atual como a única possível – do que considerar o "crescimento" do Estado como algo "natural" quando ele não é senão o outro lado da socialização moderna do indivíduo. A morte progressiva do político veio acompanhada do governo da burocracia.

Observamos então que, se o Estado tomar uma forma "social", ela será a de um *espaço administrativo*, aberto a todos os indivíduos, uniforme em si, decidindo sobre tudo o que diz respeito ao futuro da sociedade e à vida dos cidadãos. Não se pode pois confundi-lo com um *espaço público*, lugar de discussão e de ação, lugar de acesso ao político e, logo, lugar de apresentação da sociedade a si. Basta pensarmos nas grandes manifestações por eleições diretas para nos darmos conta da diferença existente entre as tentativas político-administrativas de fechamento da sociedade e uma participação política visando a verdadeira criação de um espaço público.

Em outras palavras, o espaço administrativo, enquanto espaço aberto a todos, tem a aparência de um efetivo espaço público, produzido pela livre escolha dos cidadãos, quando é, na verdade, um espaço que restringe a participação política e desresponsabiliza os indivíduos de suas ações.

Vê-se aqui mais claramente a distinção entre essa instituição moderna e a "forma de governo" democrática no sentido clássico, pois esta pertence aos cidadãos livres reunidos em praça pública segundo normas criadas coletivamente e reconhecidas por todos, enquanto aquela coloca-se acima dos indivíduos, regulando-lhes a vida privada e pública.

Concluindo, a classificação clássica da "cidade" em "formas de governo" pressupõe a existência de uma comunidade política organizada segundo os valores do homem concebido enquanto animal racional e político. Ora, no momento em que esses valores foram postos praticamente em questão pelo advento de uma economia regida pelo mercado e pelas experiências revolucionárias modernas tornou-se necessário repensar a questão do político.

Vimos a dificuldade de definir o Estado moderno utilizando apenas as categorias filosóficas clássicas, uma vez que ele representa uma realidade desconhecida, nascida da sociedade e da ideologia modernas. Devemos distinguir "cidade" e "Estado", bem como "constituição" no sentido antigo e moderno. A modernidade político-social caracteriza-se pelo individualismo, pela economia de mercado, pela atomização social e pela presença política do absoluto. Logo, a noção moderna de Estado repousa sobre uma concepção do homem enquanto animal a-social e a-político (Hobbes), o que significa que a nova sociedade isola os indivíduos uns dos outros fazendo com que as relações humanas sejam mediadas pelas relações entre coisas.

O Estado reposto pela necessidade de reagir à sociedade moderna já não é o mesmo Estado, pois ele teve de enfrentar a destruição do tecido social, a incapacidade da sociedade de assegurar a cada indivíduo dignidade social e moral bem como o bem-estar material de todos os cidadãos.

A DEMOCRACIA

Assinalamos nas páginas precedentes que a sociedade e o Estado modernos situam-se numa *posição de descontinuidade* em relação a outras formas de organização do social e do político. Observamos também que essa descontinuidade não era somente a causa de uma desorganização das relações sociais então existentes, mas que ela tinha igualmente acarretado, através da emancipação do mercado da coerção estatal, a formação de uma separação entre a esfera econômica e a esfera política.

Assim, o advento de uma sociedade de mercado foi um fator central para o nascimento de novas formas de representação política bem como de novos direitos e liberdades. Isso significa que o espaço econômico do mercado foi o lugar de uma nova instituição do político: a democracia liberal é contemporânea da sociedade de mercado.

A democracia, nascida nesta sociedade, produziu, de um lado, valores cuja validade ultrapassa as condições históricas que os geraram e, de outro, esses valores devem a sua existência às condições do mercado. Essa contradição está na base dos dilemas atuais das sociedades que, tentando eliminar o mercado, terminaram na verdade eliminando a democracia. A experiência do "socialismo real" é, neste sentido, bastante eloquente.

Assim, não devemos, um pouco apressadamente, identificar o fim de uma sociedade de mercado, enquanto mercado autorregulador, com a eliminação do mercado. O mercado pode perfeitamente deixar de ser um mecanismo com a virtude que lhe é atribuída da autorregulação, mantendo as funções de assegurar a liberdade do consumidor, de indicar as mudanças da oferta e da procura, bem como determinando os ganhos do produtor e servindo de instrumento da contabilidade social.

As tentativas político-burocráticas de supressão do mercado culminaram na morte das instituições democráticas pois:

1) foi eliminada uma determinação central da modernidade que veio fazer parte do nosso próprio ser. Ela se incorporou aos nossos hábitos e costumes, constituindo todo um sistema de referência através do qual nos orientamos em nossas ações. A sua eliminação acarretaria uma desorganização total do já precário equilíbrio da natureza humana;

2) na modernidade engendraram-se formas que asseguram a liberdade do indivíduo, as diferenciações sociais próprias desta forma de organização da existência material dos homens e plena liberação das paixões

e atividades que visam a satisfação dos valores provenientes da busca do bem-estar material;

3) trata-se de lugares determinados onde se desdobram diferentemente os valores materiais (bem-estar, liberdade de produzir e de consumir), sociais (liberdade de expressão, de pensamento e de organização) e políticos (liberdade política, o acesso de todos ao espaço público).

Os problemas do Estado moderno e, particularmente, da sua faceta liberal, são nossos problemas nas suas limitações e nas suas conquistas.

Nas suas limitações, pois, no seu fracasso histórico, embora ele interviesse continuamente sobre os mecanismos do mercado para liberá-lo, o Estado liberal tornou-se vítima das abruptas oscilações do mercado e do dilaceramento do tecido social. A democracia veio a ser apenas formal, pois principalmente voltada para a proteção das fortunas privadas e dos novos privilégios sociais.

E as suas conquistas, uma vez que os valores democráticos, graças às lutas sociais que os repuseram e transformaram, mostraram-se capazes de ampliar-se e de adaptar-se às exigências da sociedade. Assim, constituiu-se através do direito de voto um novo espaço público que acolheu em si todos aqueles que, até então, estavam excluídos da cena pública e do bem-estar material da sociedade.

A democracia moderna ganhará um novo rosto, inaugurando um novo sentido do político, ao determinar-se por um espaço público de discussão, de luta, de negociação e de diálogo. A reunião de todos aqueles que constituem a sociedade numa forma de organização política aberta ao seu aperfeiçoamento dá aos cidadãos um novo sentido da comunidade, não excluindo ninguém, por princípio, dos assuntos públicos.

Embora a defasagem entre o princípio e a sua aplicação possa ser muito grande, ela cria novas possibilidades de ação política pela construção de um espaço comum a partir do qual cada um pode determinar-se. É somente através de uma prática política comum que as lutas sociais poderão encontrar caminhos onde as palavras de uns poderão encontrar eco na de outros, criando condições para uma sociabilidade política baseada numa nova relação com as regras e valores que regem esta sociedade.

As novas liberdades

O sentido mais amplo de democracia opõe-se então ao seu sentido mais restrito, pois este, apregoando as virtudes do mercado como forma de resolução de todos os males sociais, termina por restringir a noção do político a um mero exercício formal da democracia. Trata-se então de recuperar, desta forma de instituição política e de estruturação das relações econômicas, os valores e liberdades que se tornaram nossos.

Deve-se portanto dissociar as liberdades conquistadas no transcurso dos séculos XIX e XX, que fazem doravante parte do ser do homem, do desmoronamento de uma economia baseada na autorregulação do mercado. A separação entre o econômico e o político, bem como entre o particular e o público, vieram a ser determinações da liberdade. Toda tentativa de "igualá-los" pode conduzir ao surgimento de um Estado com pretensões totalitárias.

O Estado democrático é, por assim dizer, um sistema político composto de múltiplas dimensões que se desenvolvem em diferentes níveis de profundidade. O *seu ser é processual*. Isto significa que a realidade produzida por um regime democrático constitui-se de várias formas de *liberdades*. A democracia engendra-se nesse cruzamento de liberdades que, assim, a concretizam.

Espaço pluridimensional, a democracia abre-se ao seu perpétuo deciframento de si, a novos intentos de escrutar o sentido do que, nela, está nascendo. Se a noção do todo é importante para que possamos apreender o movimento de articulação dessas dimensões que, na sua determinação recíproca, a produzem, devemos entendê-lo na sua abertura originária, isto é, no seu movimento de expansão, produtor de novas liberdades e direitos.

Em consequência, os direitos cívicos que asseguram a não publicidade do que é privado, o direito ao bem-estar material e o direito do indivíduo à livre afirmação das suas capacidades nas diferentes esferas da vida humana determinam e são determinados pelo direito público. Neste tomam forma as diferentes liberdades constitutivas da sociedade civil, de tal modo que a liberdade política, enquanto livre participação de todos nos assuntos públicos, possa realizar-se plenamente.

Podemos conceber a democracia como se seus momentos (as liberdades) fossem fotos capazes de captar a profundidade infinita das coisas, um filme que nos fizesse ver que a liberdade não é um mero assunto dos governantes ou dos ditos representantes do povo, porém se dissemina em diferentes níveis da realidade. Do bairro ao Estado, ela é portadora de diferentes palavras e discursos, fazendo-se presente nos mais diversos lugares e problemas.

O discurso democrático é assim, no seu próprio princípio, uma pluralidade de discursos, abertos à especificidade dos diferentes segmentos do real, à imprevisibilidade e à provisoriedade de tudo o que existe.

É como se, no fim dessa sucessão de imagens, devêssemos tudo recomeçar e, para nossa surpresa, nos déssemos conta de que o ato de percorrer novamente as imagens do filme nos fizesse ver algo que não estava contido na nossa filmagem, algo que foi criado por este próprio processo que faz com que a "coisa" chegue ao "público" e o "povo" ao governo do seu "Estado".

A SOBERANIA DA MAIORIA E A SOBERANIA DAS LEIS

Temos pois na democracia a confluência de duas formas de soberania que, na verdade, constituem uma só: a soberania da maioria e a soberania das leis. Uma insiste sobre o papel do povo na criação de instituições que respondem aos anseios da maioria e, a outra, sobre a objetividade e a permanência das instituições criadas.

O que é democracia 37

As novas liberdades.

O problema consiste então em conciliar o governo da maioria com instituições objetivas que, no seu princípio, se baseiem na pluralidade das opiniões e em leis que assegurem a necessária rotação dos governos submetidos periodicamente à soberania dos que os elegeram.

A lei significa aqui a lei maior, ou seja, a Constituição, que regula a vida política da sociedade. Porém nem toda Constituição é a expressão da vontade da maioria. Se observarmos a história recente de nosso país, poderemos ver até que ponto a Constituição está dissociada do processo de determinação da sociedade por ela mesma, tendo se tornado um conjunto de leis imposto à nação. Ela é bem legal sem ser no entanto legítima, pois lhe faz falta o necessário respaldo daqueles que vivem e pensam segundo as suas regras. Ou seja, se não ocorre um processo de *recriação* da lei, esta pode tornar-se formal e artificial, de tal maneira que surge uma nova necessidade política, a de transformar as leis existentes mediante a elaboração de uma lei superior. A legitimidade pode situar-se do lado da elaboração de uma nova Constituição, enquanto a legalidade pode vir a ser uma usurpação dos direitos da maioria.

Um conceito tão propalado como o de "Assembleia Constituinte" recobre precisamente a exigência de superar um tal impasse político. Se analisarmos as duas palavras que o constituem, veremos que a primeira designa uma reunião de cidadãos, eleitos pela nação, que têm como objetivo explícito elaborar um novo conjunto de leis, enquanto a segunda denota esse objetivo, esta meta, como sendo uma condição fundamental para um reencontro da nação consigo mesma.

O conceito de "Assembleia Constituinte" vem a ter uma importância fundamental quando o Estado encontra-se desacreditado, tendo a Constituição anterior se tornado um instrumento a serviço daqueles que não visavam senão permanecer no poder. A rigor, não se deveria mais falar de Constituição, uma vez que, ao invés de unir a nação, aquele conjunto de leis a desarticulava. O sentido da lei é precisamente o de *ligar* os cidadãos entre si. Ora, uma Constituição que desune em vez de unir não é mais propriamente uma Constituição.

Assinale-se também que uma tal Assembleia é necessariamente extraordinária, pois uma nova Constituição tornou-se necessária pelo vazio institucional no qual caiu o país, desorganizando ainda mais as relações sociais e políticas.

Portanto, não se pode confundir um poder constituinte, claramente eleito para cumprir uma tal tarefa, com o poder legislativo em suas tarefas habituais, pois a Constituição, uma vez instituída, transcende o ato que a gerou e passa a reger a vida política da nação. A soberania reside no povo, mas isso não quer dizer que a Constituição deva oscilar ou transformar-se segundo as conjunturas políticas ou mesmo os desejos provisórios ou imediatos da maioria, como acontece frequentemente na reação a alguns fatos políticos que solicitam fortemente a emoção.

A pura vontade da maioria conjugada com a precariedade das leis podem tornar-se um importante fator de instabilidade institucional, criando condições para as mais perigosas aventuras políticas. A vontade da maioria não é necessariamente democrática, podendo ser também tirânica.

O que caracteriza uma Constituição é precisamente o fato de que ela se inscreve normativamente numa duração destinada a ultrapassar a vida de várias gerações. A soberania das leis, própria da democracia, funda-se no "povo", na "nação", sem contudo dissolver-se na pura aritmética momentânea de uma maioria. Hannah Arendt, escrevendo a propósito da Revolução Americana, diz, numa muito bela expressão, que o gênio do povo americano reside "neste extraordinário poder de considerar o que datava de ontem com os olhos dos séculos por vir".

A democracia caracteriza-se, assim, por esta dupla determinação: governo da maioria e governo das leis. Trata-se de dois lados do mesmo conceito, o primeiro indicando o ato político de instituição de uma nova forma de governo e o segundo o processo de consolidação das novas instituições que se despegam do tempo visando unir a sociedade segundo novos princípios.

A "COISA PÚBLICA" E A "COISA MATERIAL"

Uma das condições da sociedade democrática é a não confusão, teórica e prática, entre a "coisa pública" e a "coisa material", uma vez que esse deslocamento de sentido anuncia uma modificação do significado dos valores que regem essa forma de Estado. Desse modo a sociedade, em vez de ser regida pela liberdade política, é determinada por uma outra forma de Estado onde predominam os valores de uma igualdade materialmente compreendida.

Já Tocqueville havia assinalado que o bem-estar material era compatível com um governo despótico. A liberdade política, ao contrário, pressupõe a capacidade dos homens de agirem e discursarem sob o único império da lei.

Uma sociabilidade regida apenas pela preocupação do "bem-estar" *desune* os homens, isolando-os uns dos outros e fazendo com que percam a noção do que é comum. Nesse sentido, só a liberdade é capaz, uma vez que se torne o princípio reitor da atividade política, de impedir a sociedade de escorregar nesse terreno íngreme podendo conduzi-la à tirania. Em vez de desunir os indivíduos, a liberdade os une; em vez de distanciá-los, ela os aproxima.

Fica claro que esta concepção da liberdade não se confunde de modo nenhum com o livre-arbítrio da vontade particular. A sua significação repousa, ao contrário, na criação de um espaço comum onde os homens se reúnem para deliberarem juntos sobre seus problemas coletivos, não somente sobre os grandes problemas do Estado mas sobre tudo o que diz respeito, do bairro à escola, a seus assuntos comuns. Somente assim podem os indivíduos desligar-se dos seus negócios privados, intervindo na resolução dos problemas da coletividade.

Deve-se aqui distinguir o domínio político do social e familiar, cada qual guardando as suas próprias esferas de validade com as regras que lhes são próprias. A passagem de um domínio ao outro dá-se no interior de um todo cuja articulação impede, *em princípio*, a usurpação de uma esfera por outra. Dizemos bem "em princípio" pois, na prática, as fronteiras são muito menos nítidas, não sendo jamais definitivas. Cada cultura organiza-se de uma forma determinada e em cada uma, supondo a sua estrutura política como democrática, essas transições são objeto de conflitos, debates e mudanças.

Ora, o que é específico ao Estado democrático é precisamente a aceitação do conflito e da discussão sobre as suas próprias formas de estruturação sem, entretanto, pôr em questão o princípio que a informa. Assim sendo, a sociedade assegura-se de um movimento de expansão das suas liberdades.

Parece-nos da maior importância essa distinção entre o público e o privado, só ela capaz de assegurar o desenvolvimento do espaço público e a capacidade individual de agir, evitando toda redução superficial do político ao individual e do individual ao social. Ela é, por assim dizer, o "espírito" da democracia num processo de interação entre ambas as esferas permitindo a circulação das ideias e a intervenção política de cada um.

H. Arendt estabelece um bonito contraste entre o público, onde cada um é visto e ouvido, e o privado, lugar de recolhimento e de reflexão. É no movimento que leva de um a outro, saindo do "fundo opaco" do privado para a "visibilidade" do público ou, inversamente, retirando-se da luz pública para o descanso sem brilho do privado, este lugar que é tocado apenas por alguns raios de luz, que a liberdade pode realizar-se enquanto princípio de organização do social e do político.

A ADMINISTRAÇÃO DO SOCIAL

Entretanto, essas condições necessárias da democracia não são condições suficientes, considerando que o espaço público, no Estado moderno, está estreitamente vinculado ao espaço administrativo sob a forma da representação política e sob as formas da administração econômica, financeira, fiscal e social.

O mecanismo administrativo encontra-se colocado acima dos homens, embora os cidadãos possam, ainda que eles não o façam sempre, exercer sobre ele um controle periódico. Porém, o problema reside no fato de que o domínio econômico-financeiro tende a tornar-se independente de qualquer controle político como se fosse neutro e se situasse fora do alcance do público. É como se o primado do econômico – e da sua forma de dominação –, fato histórico da modernidade, tivesse se tornado natural e já não admitisse críticas.

Observa-se nas democracias ocidentais que as eleições mudam a equipe no poder sem no entanto mexer profundamente com os mecanismos econômicos de tomada de decisões. A administração, sob a sua forma política, é eficazmente controlada pela periodicidade de eleições baseadas no sufrágio universal, enquanto a administração da "coisa material" toma uma forma quase natural, não podendo supostamente configurar-se de outra maneira.

Um exemplo bastante eloquente é a nossa negociação da dívida externa. Primeiro, o Estado, controlado por governos nascidos de uma ditadura militar, não tinha legitimidade para contrair uma tal dívida. Segundo, solicita-se à nação a subordinação às diretrizes do FMI impondo ao conjunto dos grupos sociais uma política recessiva e de arrocho salarial. Podemos observar como uma determinada política econômica e financeira altera completamente o rosto da nação sem que esta seja consultada no que lhe diz imediatamente respeito.

A salvaguarda das liberdades civis é um lado de um processo político também caracterizado pelo fortalecimento do poder estatal. Este pode funcionar em nome do bem-estar material, quando, na verdade, está perseguindo os seus próprios interesses.

A autonomização dessa tendência do Estado moderno pode assim desembocar num "governo da maioria" exercido por uma burocracia poderosa, cuja forma de dominação passa *necessariamente* pela eliminação da liberdade política. Uma tal usurpação do conceito de democracia é particularmente clara naqueles Estados que se reivindicam de uma "democracia popular", suposto governo do povo, que é na verdade o governo de uma minoria que, pela força, subjuga a maioria. O seu ideal é bem a eliminação da participação política em proveito de uma administração apenas burocrática do social ou, o que é a mesma coisa, de uma contabilidade do social.

Nessas condições, nada mais natural do que essa desfiguração dos valores da nova época. Os valores morais e políticos, voltados na antiguidade para a pergunta da melhor forma de governo e, na modernidade, para a afirmação das liberdades individuais, caíram ao nível do que é *materialmente* bom para todos. Logo, aqueles que sabem como adquirir em abundância o que é materialmente bom e que sabem como funciona o poder tornaram-se nossos governantes. Resulta desse processo um encolhimento do espaço político que toma a forma do "como funciona a administração". É significativo que Institutos e Departamentos de Ciência Política formem quadros para a administração pública ensinando sobretudo o modo de funcionamento do Estado. A política veio a ser a ciência da administração pública.

A estrutura administrativa do Estado torna-se um ponto de referência através do qual os indivíduos, em suas ações, se orientam. A atomização social dos indivíduos favorece o desenvolvimento de um governo centralizado, de tal maneira que a administração vem a ser um elemento concreto e transcendente que assegura – ou deve assegurar – a identificação pessoal de cada um bem como o seu bem-estar material.

Por uma curiosa inversão, uma sociedade que aboliu todo sistema de referência transcendental a ela reinveste uma de suas instituições com as mesmas determinações daquilo que tinha sido suprimido. Ora, uma tal instituição poderia ser o espaço público na medida em que é um lugar que transcende cada um individualmente, produto coletivo de todos e que sobrevive a várias gerações. Porém é o espaço administrativo, com suas regras e leis, que vem a ocupar essa posição, preenchendo os diferentes espaços vazios das esferas pública e privada do social.

A democracia moderna tanto pode desembocar na tarefa de realização de novos direitos e de abertura de novos espaços como na burocratização de tudo aquilo que é coletivo, gerando novos privilégios sociais e fechando o político a novas possibilidades de ação política. O deciframento do político pode assim tornar-se um cálculo do social, tapando os poros através dos quais uma sociedade respira e impedindo a realização da liberdade.

O PRINCÍPIO DEMOCRÁTICO: A IMPERFEIÇÃO

A capacidade de tomar a iniciativa de agir politicamente, a participação no processo de elaboração dos problemas públicos e a presença direta ou indireta na praça pública estão profundamente enraizados no imaginário democrático. É precisamente através desse imaginário que a sociedade pensa e vive as suas instituições políticas no seu duplo sentido de ato de instituição e de realidade objetiva.

Isso significa que nenhuma realidade tem um estatuto natural, podendo pois ser transformada segundo os valores e finalidades de uma sociabilidade democrática. Logo, a administração pública, apesar da "naturalidade" por ela adquirida graças à burocratização do social, é ela mesma objeto de uma atividade política e de uma interrogação que questiona a sua razão de ser.

Com efeito, a incompletude e a imperfeição enquanto princípios do imaginário democrático fazem com que não se confira a nenhuma realidade o caráter de acabada e fechada em si mesma. Já vimos que o Estado democrático não é somente o da administração do bem-estar social e do primado da "coisa material", mas também o da intervenção possível de todos na cena pública, aceitando a imperfeição da sua própria Constituição.

Nesse sentido, pode-se dizer que o Estado democrático é perpassado por seu caráter inacabado, tendo sido gerado por um questionamento radical de qualquer tipo de sociedade hierarquizada. O cidadão moderno colocou de outra maneira a questão das origens da sociedade e das relações políticas. O que se tornou originário, fundador da nova sociedade, é a ideia de uma instituição coletiva do social e do político, baseado nos direitos iguais de todos os indivíduos. Isso quer dizer que a democracia aceita, ao nível dos princípios, o desafio da imperfeição constitutiva de toda e qualquer realidade político-social, o desafio da não-transparência.

O século XX já viveu e padeceu o sonho de uma sociedade perfeita, o sonho de uma sociedade na qual as relações sociais tornar-se-iam transparentes. A própria ideia da política viria a ser desnecessária, tendo em vista a eliminação das contradições sociais. A opacidade do social chegou a ser considerada como proveniente de uma relação política de dominação de uma classe por outra, de modo que a eliminação da exploração acarretaria a criação de uma sociedade perfeita.

Ora, se a *questão* da democracia foi recolocada de uma maneira tão urgente no transcurso das experiências políticas do século XX é porque este regime político permite abordar de uma outra maneira o problema do autoengendramento da sociedade por ela mesma, partindo da necessária opacidade e incompletude de toda e qualquer realidade social e política.

O problema colocado pela sociabilidade democrática reside precisamente no modo possível de uma vida política sustentada unicamente na ação política e em instituições abertas a novas configurações objetivas. Este processo pode assim conduzir a democracia além dela mesma, fazendo com que algo estrangeiro a ela nasça no seu próprio seio. A sociabilidade democrática sendo essencialmente frágil, em movimento, dependendo de uma consciência política que a atualize e a faça viver, uma desarticulação profunda do social e um dilaceramento das relações políticas podem conduzir a um Estado que, por princípio, nega o valor das instituições democráticas.

Eis por que a importância, numa sociedade democrática, da consciência democrática, de discursos verdadeiros sobre os fatos econômicos, sociais e políticos, de ações que visem efetivamente o bem-estar da coletividade e a consolidação de leis consideradas como sendo as melhores. A adesão à imperfeição e à necessária incompletude das instituições políticas é talvez a mais difícil das tarefas da vida política, pois a transcendência ameaça a imanência, e o sonho de uma sociedade perfeita pode novamente querer apoderar-se do mundo social e político.

A sedução do absoluto trilha porém o seu próprio caminho no poder transcendente atribuído ao Estado e exercido por ele. O seu florescimento culmina num Estado-partido que tudo concede ao aparelho burocrático-policial e nada aos indivíduos.

Em tais experiências históricas, o Estado fecha-se sobre si mesmo, sequer assegurando o bem-estar permanente dos indivíduos, pois estes podem, a qualquer momento, ser objeto de uma morte violenta. O sonho (ou pesadelo) de um absoluto político ganha aqui uma nova significação, a significação de uma ideologia que se reclama herdeira da natureza (nazismo) ou da história (stalinismo), ambas portadoras do peso simbólico da promessa de uma sociedade perfeita projetada no futuro.

As ideologias totalitárias são formas de resposta "absoluta" dadas ao caráter intrinsecamente imperfeito da democracia. A democracia aceita as falhas que a constituem, inclusive aquelas que podem conduzir aos regimes políticos totalitários. Nenhuma conquista da liberdade é eterna, todas podendo ser igualmente jogadas no lixo da história.

A democracia baseia-se num imaginário formado na possibilidade histórica de uma nova comunidade política, aberta à pluralidade dos discursos e ações políticas e fazendo com que cada indivíduo possa igualmente participar da condução dos negócios públicos. Embora alguns teóricos da democracia defendam uma concepção passiva da cidadania, logo, da não-participação política de todos, este regime político indica, ao contrário, uma maior participação e consciência dos assuntos públicos, pois, se o cidadão se vê reduzido a dizer sim ou não a algo que lhe é imposto como escolha, ele termina por perder o *sentido* da comunidade. Pode perfeitamente ocorrer que a situação material melhore para cada um sem que isto signifique um aperfeiçoamento das instituições democráticas, só capazes de fazer viver a pluralidade política do social.

A especificidade da democracia moderna reside numa concepção determinada do homem enquanto animal político, isto é, enquanto capacidade de agir, de criar, de tomar a palavra e de discorrer sobre o interesse comum. Porém nosso século fez também a experiência trágica de que o homem é um animal apolítico e antipolítico e que a natureza humana nada mais é do que o seu percurso histórico de constituição. Basta nos lembrarmos dos campos de concentração dos regimes políticos totalitários, nazistas ou stalinistas, para que tenhamos uma ideia de até que ponto o homem pode vir a ser nada.

Em outras palavras, a democracia é uma forma de exercício e de atualização do homem enquanto animal político num mundo que mostrou (e mostra) que a indeterminação é, da forma mais radical, constitutiva da natureza humana. O destino da democracia termina assim por confundir-se com o destino de uma determinada concepção do homem, que, tendo sido posta em questão, renasce, tal como a ave fênix, das suas próprias cinzas.

O conceito de democracia permite abordar por um outro lado o problema da indeterminação da natureza humana, procurando elevá-la às alturas da comunidade política e a uma efetiva prática do que é público. Ele aceita a indeterminação como constitutiva, elaborando-a em função de uma determinada práxis política. Claude Lefort pôs bem em relevo como a indeterminação "democrática" se exprime num exercício imaginário que, nas eleições, toma a forma simbólica de um grau zero do poder, capaz de conduzir a indeterminação humana à determinação do político, do público e do comunitário.

O regime político democrático tem como objetivo alçar o indivíduo da informe vida cotidiana moderna, desse isolamento no qual vive, ao lugar da comunidade, ao lugar da solidariedade, onde o que é político pode ser visto e vivido por todos.

O perigo que espreita a democracia é que a invisibilidade humana não é apenas a de uma vida privada retirada do domínio público, mas a de um "abismo" totalitário que repousa na indeterminação mais total da natureza humana. É na tarefa de determinar politicamente o homem no sentido público e comunitário do termo, a partir da indeterminação que o constitui, que se decide a verdadeira instituição de uma "coisa pública". Acolhendo em si a "coisa material", ela se determina segundo os princípios de uma "Constituição", estando pois aberta a um novo desenvolvimento da cena pública e dando possibilidades aos cidadãos de reapropriarem-se do que, sendo político, tornou-se administrativo.

A SIGNIFICAÇÃO DA DEMOCRACIA

Que a democracia seja uma *questão,* isto já se entrevia na maneira em que ela é formulada antes da Revolução Francesa. A *Enciclopédia,* organizada por Diderot e d'Alembert, texto na época amplamente divulgado, mostra a problematicidade da associação entre os conceitos de "soberania" e de "povo", pois a sua junção pode ser fonte de uma instabilidade permanente.

Duas possibilidades fazem-se igualmente presentes: 1) o governo dos melhores, daqueles que se distinguiram na condução dos assuntos públicos; 2) o governo da massa, com a subsequente eliminação da palavra e da ação políticas, ou seja, a abolição das formas constitucionais de exercício do poder.

Vimos que a síntese aristotélica entre democracia e aristocracia visava criar condições para o surgimento de um regime político que fosse ao mesmo tempo o da maioria e o dos melhores cidadãos. Isso significa que, embora todos tenham o mesmo direito de ascender à condução dos negócios públicos, somente os melhores o conseguirão, criando uma desigualdade que é própria desse processo. Todo o contrário, pois, desta tendência moderna que procura igualar os indivíduos por baixo como se qualquer processo de diferenciação ferisse a noção de igualdade.

Essa preocupação com a elevação dos espíritos manifesta-se novamente na *Enciclopédia:* "As democracias elevam os espíritos, porque mostram o caminho das honras & da glória", isto é, da distinção conquistada pelo exercício da palavra e da ação. Insiste-se aqui na participação política dos cidadãos numa assembleia comum, de modo que a diferenciação política de cada um em relação aos demais possa ocorrer no seu interior.

As reuniões públicas – e emprego esta expressão no seu mais amplo sentido, podendo incluir desde as reuniões de uma comunidade de base até as sessões do poder legislativo, por exemplo – devem obedecer ao princípio da pluralidade, único capaz de assegurar a efetiva realização das liberdade privadas, civis e públicas.

A democracia parte do não-reconhecimento de uma "verdade" política que tenha a pretensão de possuir uma chave que lhe permita abrir as portas a partir das quais se possa resolver todos os conflitos políticos e todas as contradições sociais. A verdade política, se tivermos o direito de utilizar uma tal expressão, reside mais no modo de elaborar soluções para os problemas sempre renascentes da sociedade e do seu relacionamento com o Estado. Parte-se pois do pressuposto de que o mundo político é o mundo das opiniões e de que estas têm igualmente direito de se tornarem públicas.

A Constituição democrática tem então como função estabelecer um conjunto de normas que permitam o processo de enfrentamento das mais diferentes opiniões e o seu encaminhamento segundo os princípios da liberdade política. A preocupação com o governo das leis é aqui bastante clara na medida em que somente ele pode evitar que um demagogo se apodere das massas e estabeleça um governo tirânico.

A confrontação entre o governo das leis e o governo da pura força domina o debate sobre o modo de funcionamento de uma sociedade democrática. No texto da *Enciclopédia* acima mencionado, ele toma a forma de uma oposição entre a democracia direta e a indireta. Por exemplo, a democracia direta, num mundo dominado pela atomização social e política e pela ausência de verdadeiros valores coletivos, é considerada inviável historicamente, enquanto a democracia indireta é assimilada ao governo de instituições duráveis e de leis igualmente reconhecidas por todos.

A colocação deste problema não deve contudo conduzir-nos açodadamente a uma identificação sem restrições da democracia indireta com uma sociedade "liberal" no sentido de uma completa liberação de uma economia de mercado. Para o pensamento iluminista francês não se passa automaticamente dos vícios privados às virtudes públicas, ou seja, este pensamento não apregoa nem uma concorrência cega nem o primado do econômico. Ao contrário, ele postula o primado do bem público sobre o interesse particular, do político sobre o econômico, chegando inclusive a associar o princípio da igualdade – que não exclui a diferenciação social e política pelo talento e pelo mérito – à frugalidade.

A FRAGILIDADE DAS INSTITUIÇÕES DEMOCRÁTICAS

O que está em questão é a consolidação de um governo majoritário regido por leis que sejam reconhecidas como boas, de modo que as instituições daí resultantes tenham a flexibilidade das opiniões e a duração do que se quer eterno.

Se dermos uma olhada no verbete "lei natural" de Diderot, verificaremos essa preocupação em determinar uma instância superior à lei positiva, aquela que rege o ordenamento jurídico de um Estado, que lhe permita julgar o caráter justo (ou injusto) dessas leis. Uma vez que os critérios objetivos que permitiam aos indivíduos ver imediatamente o que lhes era permitido ou não (os limites impostos pela dominação régia por exemplo) desapareceram em proveito de uma razão moderna que interroga tudo, coloca-se a questão do como determinar uma lei realmente válida para todos.

O pensamento iluminista do direito natural encontrou esse critério na razão humana que, na sua luz, deve servir de regra às nossas ações. O governo das leis coincide assim com o governo da razão, sendo esta regida por princípios inatos, quando a sua visão não é deturpada pelas paixões humanas.

Vemos que a crítica das leis existentes toma a forma de uma crítica das paixões, sem que contudo o problema de uma elaboração das leis pelos homens apoie-se num questionamento dos critérios atemporais e imutáveis que continuam a acompanhar a distinção entre o bem e o mal. Escreve Diderot: "Numa palavra, a lei natural está escrita em nossos corações com caracteres tão bonitos, com expressões tão fortes e traços tão luminosos que não é possível desconhecê-los".

Ora, o que caracteriza o nosso mundo moderno, que viveu tão intensamente sonhos e pesadelos, promessas e fracassos, é precisamente esse desconhecimento. Os novos cidadãos, aqueles que compareciam por primeira vez na praça pública, deram-se logo conta do descompasso entre os ideais de liberdade, igualdade e fraternidade da nova época e a sua realização política.

Embora esse descompasso pudesse ser atribuído à paixão política, tornou-se também evidente que a paixão fazia parte da própria racionalidade humana. Ou ainda, os novos ideais foram confrontados à dura realidade dos fatos, à resistência de outros homens e grupos sociais que contestavam a sua própria validez. Os critérios universais foram assim trazidos de volta à arena pública, ao seu processo comum e conflitivo de elaboração coletiva.

Em outras palavras, qualquer critério situado fora do processo de autoprodução dos homens por eles mesmos tornou-se problemático. A interrogação sobre o sentido da lei veio a ser parte do processo de orga-

A fragilidade das instituições democráticas.

nização política da sociedade. Nenhuma obediência democrática é cega: ela passa necessariamente pelo reconhecimento da "Constituição", enquanto criada por todos e situada acima da vontade de cada um.

Daí a importância do caráter público de todo processo de elaboração de decisões políticas. A cena democrática é um lugar de *visibilidade*, um lugar em que os cidadãos ou os seus representantes apresentam soluções setoriais ou gerais para os mais diversos problemas da sociedade. A invisibilidade do processo de decisão política seria todo o contrário de um procedimento democrático.

A nossa experiência histórica dos últimos anos abunda em exemplos onde à palavra de um dia segue o desmentido do dia seguinte, de tal modo que a sociedade termina por desacreditar totalmente os seus governantes e representantes. Uma atuação política não-democrática tem, neste sentido, a propriedade de desvincular a ação da palavra que lhe confere sentido. Se o discurso político for mentiroso, a ação política tornar-se-á cega, para não dizer completamente comprometida com interesses particulares, não-coletivos.

A fragilidade das instituições democráticas reside na necessidade de uma unidade entre a ação e a palavra que deve ser constantemente reposta. Todo divórcio entre a ação e a palavra, ou ainda entre a "Constituição" e a "ação política" conduz a uma situação onde a palavra torna-se surda, a "Constituição" supérflua e a ação violenta.

Resulta desse processo uma progressiva extinção dos agentes e atores do trabalho de elaboração da coisa pública, desagregando-se na própria sociedade o sentido do que é comum. Temos insistido sobre o fato de que esse sentido não é dado, mas deve ser constantemente recriado e revivido, sob pena de recairmos numa sociabilidade não-democrática. Se o sentido do que é comum é perdido, abre-se na sociedade um espaço propício a discursos aventureiros ou ao reino total do Estado.

Uma sociedade onde as vozes daqueles que não conseguem exprimir-se não se fazem ouvir cria uma situação de efetiva cacofonia política, tendo como consequência a perversão de tudo aquilo que é dito. A liberdade política só pode estar comprometida numa sociedade em que o falar dos governantes tornou-se um puro esconder, o falar dos excluídos um simples balbuciar e o falar das autodenominadas vanguardas um novo ocultar.

Se abandonarmos o projeto democrático de sociedade, se a ação humana perder o seu sentido político e se o discurso tornar-se a propriedade dos ideólogos de profissão, romper-se-á o processo de identificação da sociedade consigo e o próprio significado daquilo que é ou pode ser coletivo.

DA IGUALDADE

Se observarmos uma sociedade democrática, organizada por leis que garantam a livre participação de todos nos assuntos políticos, estruturada por grupos políticos que disputam o controle da máquina estatal, constataremos que a democracia indica um lugar que não é a propriedade de ninguém. Lugar este que é na verdade um não-lugar, uma vez que aqueles que estão no poder aí estão de uma forma somente provisória.

Não fosse a nossa história recente, seria uma banalidade dizer que uma sociedade democrática determina-se pelos direitos que ela confere à oposição, pois a oposição de hoje pode ser a situação de amanhã. Trata-se de direitos que não são concedidos por aqueles que estão no poder, mas ambos estão igualmente subordinados a uma lei que lhes é superior.

Pode-se enunciar este princípio dizendo que a democracia baseia-se no valor da igualdade enquanto *politicamente* posta. Igualdade de direitos e de chances, compatível pois com a plena liberdade de cada um.

Ora, esta compatibilidade da liberdade com a igualdade não é entretanto evidente por si, pois um dos dilemas da nossa época é o de que as sociedades que se aventuraram na criação de uma sociedade igualitária terminaram por abolir a liberdade, enquanto as sociedades livres repousam frequentemente em grandes desigualdades sociais.

A dificuldade torna-se ainda maior se não mantivermos uma distinção entre uma igualdade política no nível dos *princípios* e uma igualdade social no nível dos *fatos*. As tentativas políticas de produzir uma igualdade no nível dos fatos liberaram formas politicamente novas de violência resultando em formas também novas de dominação. O problema reside aqui na forma de concebermos um *distanciamento necessário* entre os princípios e os fatos, um espaço não preenchido e não preenchível, pois toda tentativa de reduzi-lo termina por provocar um deslocamento de sentido dos termos em questão. Por exemplo, em nome da liberdade de todos suprime-se a própria liberdade, em nome da igualdade elimina-se o próprio direito à diferenciação.

Uma tal formulação política da igualdade entra em colisão com uma concepção da igualdade social cuja exigência central é uma igualdade nos fatos, podendo inclusive tomar a forma de uma uniformização do social e de uma redução do político a um controle administrativo-policial da sociedade. Nascem regimes políticos como os do "socialismo realmente existente", que fazem da política, quando não uma questão policial ou psiquiátrica, uma forma de burocratização do social. As críticas política e intelectual vêm a ser assim eliminadas, pois são identificadas ao que se diferencia, ao que não aceita uma tal cimentação burocrática da sociedade. A crítica pode ser aqui vista como a emergência da desigualdade.

A igualdade, politicamente enunciada, significa a igualdade dos cidadãos, iguais no seu direito de organizarem-se autonomamente nas esferas do trabalho e da sociedade em geral. Isso quer dizer que a igualdade vem a ser um conceito político e jurídico sem contudo tornar-se propriamente um conceito social, pois o fato da gestão dos negócios privados não obedece a uma lógica estritamente igualitária. O homem moderno, na sua vida privada e social, cria situações desiguais, do mesmo modo que as relações sociais e econômicas determinam-se constantemente segundo um processo de diferenciação que, em vez de igualar os indivíduos, os torna desiguais.

A igualdade política, no seu mais amplo sentido, reintroduz e repõe a diferença, a alteridade e uma nova hierarquia constitucionalmente fundada, enquanto a igualdade social, na sua significação de total igualdade ao nível dos fatos, termina por impedir todo novo processo de diferenciação social e política.

Atentemos para o fato de que se trata de dois níveis distintos de uma única formulação do problema da igualdade: 1) um significando uma diferença necessária entre a igualdade política e a social, preservando um processo de distanciamento e diferenciação entre ambas; 2) o outro denotando o processo de mediação entre estes dois níveis da igualdade, de tal maneira que o princípio igualitário dê forma às grandes desigualdades sociais, diminuindo-as, sem entretanto eliminá-las.

O caminho a ser percorrido pela democracia é consequentemente estreito, considerando os problemas sociais e econômicos da modernidade, pois ela é objeto de uma dupla ameaça. A ameaça proveniente das grandes desigualdades sociais e a da tentativa de uma sociedade totalmente igualitária, ambas suprimindo a própria democracia. Logo, a questão à qual se enfrenta uma sociedade democrática é a de uma organização do social, que, fundada na liberdade política, reduza as fortes tensões sociais. A eliminação da miséria é bem uma das tarefas da democracia moderna, pois ela veio a ser uma condição da sua própria realização política.

Não se trata evidentemente de uma proposta política de uma sociedade perfeita, nem do não-reconhecimento das graves dificuldades às quais ela deve enfrentar-se, porém a sua especificidade reside precisamente no reconhecimento da sua imperfeição, dos seus dilemas e paradoxos, na forma mediante a qual uma sociedade democrática chega a interrogar-se, chega a questionar o que ela mesma é.

Em vez de uniformizar o discurso político, a democracia libera os diferentes discursos da sociedade, em vez de impor uma única forma de organização das relações sociais e políticas, ela se abre a várias possibilidades de organização setorial da sociedade; em vez de tudo aspirar em si, ela pode criar espaços sociais autônomos em relação à intervenção estatal.

Logo, uma sociedade organizada segundo os princípios da liberdade política parte do *fato* de que a realidade não transparece a si e de que o social não pode ser reabsorvido no político. Todo intento de abolir de uma forma absoluta a desigualdade termina por suprimir a liberdade e, deste modo, qualquer alternativa política e qualquer alternância de poder.

A realidade, mesmo quando transparece, é sempre opaca, engendrando constantemente novas significações e repondo o distanciamento entre o que ela é e o que ela poderia ser. Faz parte do seu próprio ser o que ela é e o que ela deve ser.

Da autonomia

A estruturação da sociedade a partir do reconhecimento da sua imperfeição constitutiva e das lutas que a perpassam coloca de uma forma premente o problema de regulação desse processo. Abordemos a questão de *como* se fazem as leis.

Duas possibilidades apresentam-se, sendo apenas uma capaz de satisfazer as exigências de princípio de uma sociedade democrática: o modo da autonomia e o modo da heteronomia.

As leis podem expressar uma coincidência entre aqueles que as fizeram e os que são os seus destinatários. Tem-se neste caso o modo da autonomia. Entretanto pode igualmente ocorrer que as leis sejam impostas àqueles que devem obedecê-las, tendo-se assim o modo da heteronomia. Ao primeiro caso, corresponde uma "Constituição" elaborada por aqueles que se submeterão a ela (por exemplo, uma Constituição resultante de uma Assembleia Constituinte), ao segundo, leis que não nascem do processo de autoengendramento da sociedade por ela mesma, tendo-se tornado obrigatórias pelo uso da força (os Atos Institucionais, por exemplo).

Está claro que só o modo da autonomia expressa uma organização política livre da sociedade, operando-se uma coincidência entre os agentes políticos e as leis que estes se dão. Estabelece-se assim uma circularidade que procura assegurar a participação política de todos e o reino da lei, igualmente reconhecida por todos. Resulta deste processo uma autolimitação dos cidadãos e dos grupos sociais, bem como formas determinadas e delimitadas de exercício do poder político.

Quando refletimos sobre a significação da coincidência política entre o movimento de criação de leis e os seus destinatários, devemos interrogar-nos sobre o estatuto dessa coincidência, ou seja, o seu caráter absoluto ou relativo, os espaços e desdobramentos do seu processo de mediação.

No caso de uma democracia direta, como vimos a propósito da *polis* grega, a coincidência é muito mais imediata e próxima, enquanto numa democracia indireta esta coincidência pode distender-se de tal modo no tempo e no espaço, chegando mesmo a tornar-se irreconhecível. Mas quem diz coincidência, diz diferenciação, diz distanciamento, enunciando inclusive a possibilidade de uma não-coincidência.

A democracia moderna engendrou-se historicamente no combate contra uma concepção tradicional do poder baseada em formas jurídicas e políticas impostas a toda a sociedade. Contudo, nas sociedades modernas que, por princípio, deveriam ser as da autonomia, criaram-se formas de controle jurídico e político que atentam contra o seu próprio princípio.

Assim vemos que, em nome do socialismo, uma forma de Estado termina por submeter todos os cidadãos ao jugo de leis heterônomas, mas observa-se também que, no interior de sociedades que aceitam o princípio político da autonomia, se desenvolvem formas heteronômicas de organização do social.

Uma sociedade baseada na autonomia tem no voto, por exemplo, uma forma de validar periodicamente os princípios e valores nos quais ela está assentada. O sufrágio universal cumpre a função de assegurar a legalidade e a legitimidade do modo de organização da sociedade, de tal maneira que a "Constituição" é trazida em ato ao pensamento e à atividade dos cidadãos, enquanto estes elevam-se à reflexão do que é político. É uma forma de fazer coincidir a lei superior de uma nação com aqueles que são os seus cidadãos.

Entretanto o Estado democrático, embora reconhecendo o princípio político do sufrágio universal, pode exercer um tal controle jurídico sobre a sociedade, através da multiplicação particular de leis que regulam as mais diferentes esferas da vida social e privada, que o modo da heteronomia é reintroduzido no interior do modo da autonomia. Trata-se de uma situação que, a perdurar, termina por distanciar de uma tal forma os princípios constitucionais da prática cotidiana dos cidadãos que a sua unidade é posta em questão.

Em consequência, a autonomia depende do sufrágio universal, mas depende igualmente do modo mediante o qual os indivíduos tomam em mãos os seus próprios assuntos, bem como da sua consciência daquilo que lhes é comum sem contudo estarem subordinados a uma regulamentação estatal que impeça o desenvolvimento de novas formas de sociabilidade social e política.

A DEMOCRACIA DIRETA

Quando analisamos a modernidade, constatamos que o reaparecimento da democracia se dá num mundo que, ao recuperar os valores democráticos antigos, já o faz segundo os princípios da nova época: os princípios nascidos da afirmação do indivíduo moderno concomitante ao engendramento do Estado moderno.

Isso significa que o sentido da palavra democracia sofre várias modificações ao ser reapropriado por um mundo que transforma a própria representação que cada indivíduo tem de si e do mundo. Indivíduo e comunidade tornam-se inclusive termos contrapostos, fruto de uma sociedade que, ao emancipar o indivíduo, deixou-o indefeso diante do mercado e do Estado.

A democracia veio a ser um valor, uma reapresentação social defendida por indivíduos atomizados, reunidos em uma espécie de "massa" por líderes que se autodenominam "representantes do povo". Queremos dizer com isso que as tentativas de democracia direta, quando realizadas na modernidade, estão submetidas a um processo social e político que torna altamente provável a autonomização dos líderes e dos seus grupos em relação aos indivíduos que os apoiam.

O projeto de reconstrução do mundo a partir dos ideais da nova época realiza-se num mundo cuja organização social é cada vez mais a de uma sociedade de mercado controlada politicamente por uma burocracia que procura enquadrar todas as atividades do Estado. A forma mesma de uma tal separação entre a sociedade e o Estado propicia o surgimento de instâncias políticas desvinculadas dos movimentos sociais que as geraram.

Sendo a sociedade moderna basicamente uma associação de indivíduos, o governo da maioria terá, na sua significação quantitativa, o sentido de uma reunião de indivíduos atomizados. Logo, coloca-se a questão de como essa maioria pode governar-se segundo os princípios da liberdade e da igualdade.

A irrupção do povo na cena pública, tal como esta se dá na Revolução Francesa, traz à discussão, de uma forma pertinente, o problema da afirmação política do absoluto, ou seja, da realização da "Cidade de Deus" na terra.

A tradução prática desse absoluto político numa práxis revolucionária defronta-se com a resistência de uma realidade que, constituída também por outros valores e articulada cultural e politicamente segundo outros princípios, mostra o peso das suas próprias instituições e a forma mediante a qual elas são reconhecidas por seus membros.

Ora, uma tal instrumentalização da transformação social pela violência revolucionária não pode deixar de produzir um choque produtor de novas possibilidades reais, não contidas nas intenções dos seus agentes. Assim, a exigência presente no terror jacobino – e mais tarde stalinista – de estar sempre *em movimento*, de ser em ato a afirmação inequívoca da ideologia revolucionária, prefigura e termina por produzir uma nova realidade política.

A fundação de uma nova "cidade" pela identificação do povo, do poder e da nação procura realizar a exigência revolucionária por intermédio de uma coincidência direta entre os "autores" das leis e os seus "destinatários". Ora, essa tentativa, e este é o seu paradoxo, cria formas políticas heterônomas, isto é, baseadas na dissociação entre aqueles que obedecem às leis e aqueles que as elaboram e logo as aplicam. Vejamos algumas de suas características a modo de exemplo:

1) em vez de uma participação política direta do povo, observa-se o seu enquadramento pelo que um historiador francês do início do século, Augustin Cochin, chama "sociedades de pensamento", ou seja, grupos políticos ideologicamente estruturados que se põem como mediadores das lutas sociais. Estes grupos, ao monopolizarem a "palavra verdadeira", terminam por usurpar do povo o seu próprio direito de expressão;

2) a autoridade desses autodenominados "representantes do povo" torna-se ilimitada, erigindo-se como poder acima dos seus representados;

3) o relacionamento intrínseco para a democracia entre poder e lei é rompido em proveito de um poder que pretende ser a única encarnação de uma lei universal e absoluta, ou seja, onipresente e ilimitada;

4) essa promessa de pura autonomia, sem leis que a limitem, apresenta-se de uma forma perversa como a identificação entre o governo revolucionário e o povo, entre o político e o social, de tal maneira que toda a atividade política espontânea, situada fora desse marco, é eliminada;

5) a violência tomará uma forma política e institucional, tornando-se uma *forma de governo* sem nenhuma subordinação às leis ou regras previamente estabelecidas.

Deve-se, contudo, também assinalar que esta deriva supostamente democrática é uma deriva, outras sendo igualmente possíveis. Com efeito, a efervescência política que torna possível a ditadura jacobina, e que lhe é por um determinado período de tempo concomitante, é também o lugar do aparecimento de "sociedades revolucionárias", caracterizadas por uma efetiva participação do povo nos seus próprios assuntos.

Essa possibilidade política, entrevista no transcurso da Revolução, conhecerá uma evolução própria, tal como terá lugar em importantes momentos da história posterior: a "comuna", os "sovietes" e os "conselhos operários húngaros". Todas essas tentativas têm em comum o projeto de que os trabalhadores recuperem os direitos que lhes foram usurpados pela sociedade e pelo Estado e o fracasso histórico dessas tentativas.

Trata-se, pois, de um projeto de participação política direta dos trabalhadores – e de um modo mais geral dos cidadãos – nos assuntos públicos que, nascido no transcurso de experiências revolucionárias, se viu enfrentado a problemas insolúveis.

A questão posta pelos "conselhos" é a de como governar num mundo permeado por contradições sociais agudas e dominado por uma máquina administrativa estatal tendo controle de tudo e sobre a qual os cidadãos não têm poder. Ou seja, o projeto dos conselhos é um projeto da autonomia que pretende transformar as relações políticas baseadas na heteronomia de modo que as decisões políticas sejam tomadas de baixo para cima.

H. Arendt não esconde a sua simpatia por esta forma moderna de intervenção política, pois ela é também aquela que mais se aparenta às formas "antigas". Porém devemos igualmente perguntar-nos se os "conselhos" não são belas flores que só florescem em pântanos porque, historicamente, eles surgiram em experiências revolucionárias que os esmagaram. Mais concretamente, no século XX, eles foram aniquilados em proveito de uma organização estatal baseada num partido único.

O sistema de governo de partido único e os órgãos revolucionários nascem frequentemente juntos, sendo que o primeiro tem sempre vencido no seu combate contra as formas embrionárias de governo autônomo. A pergunta é então a de saber se a revolução é o melhor meio para alcançar a realização dessas formas de governo baseadas na autonomia, uma vez que a sua criação por meios revolucionários gera simultaneamente condições políticas que impedem o seu desenvolvimento. O dilema dessas tentativas é que, quando não desembocaram no totalitarismo soviético, culminaram em regimes políticos modernos que negam a democracia direta e indireta, guardando destas apenas o nome: "democracias populares". Ou ainda, a revolução não é historicamente nem cientificamente necessária, sendo apenas um último recurso que uma sociedade utiliza quando não encontra outros meios para desembaraçar-se de um governo tirânico ou totalitário.

Um dos ensinamentos a tirar das experiências dos "conselhos" é o de escrutar a significação de uma forma de organização política que, baseada na autonomia, tentou transformar as relações existentes entre a sociedade e o Estado. Talvez novas formas políticas autônomas possam germinar em sociedades que se democratizam sem visarem a revolução, isto é, a transformação violenta das suas instituições. Trata-se de assegurar uma maior participação de todos os cidadãos em diferentes esferas de sua atividade (escola, trabalho, bairro, assuntos administrativos, Estado) diminuindo a necessidade da intervenção estatal e dos partidos políticos sem o perigo, bem real nas nossas sociedades, da aventura política.

Isto acarreta uma transformação do nosso próprio imaginário político, pois, uma vez que recusarmos as promessas utópicas de uma sociedade perfeita, seremos obrigados a repensar o presente de nossas sociedades em função das suas possibilidades concretas de evolução. O desespero e a desilusão nascem precisamente de uma promessa intensamente vivida e sofrida.

O pensamento crítico é, quem sabe, o melhor antídoto contra tais formas de investimento simbólico no futuro que negam radicalmente a realidade presente.

Poder-se-ia ainda dizer com Kant que a ideia de uma sociedade perfeita ou de uma sociedade totalmente autônoma é uma ideia reguladora, ou seja, obramos, em nossas ações políticas, em função de uma sociedade menos imperfeita, sabendo de antemão que essa ideia é apenas uma meta, da qual podemos nos aproximar, sem contudo jamais alcançá-la prática e historicamente.

A DEMOCRACIA REPRESENTATIVA

Sob as condições modernas da política, a democracia direta está sempre ameaçada pelo sonho do absoluto, pelo sonho de uma sociedade transparente. É nesse imaginário político que se apoiam as representações ideológicas de um partido único pretendendo ser a encarnação da verdade da história.

O projeto de uma democracia indireta, exercida por representantes constituídos em diferentes poderes, funda-se, em contrapartida, numa posição filosófico-política que reconhece a opacidade própria do real, as relações históricas tais como elas existem e o que, de direito, não pode ser identificado: a separação entre o domínio do social e o do político, entre a sociedade e o Estado.

Em contraposição à ficção de uma identidade total da sociedade com o Estado, tem-se aqui um processo de diferenciação do "governo" com o "povo" sem

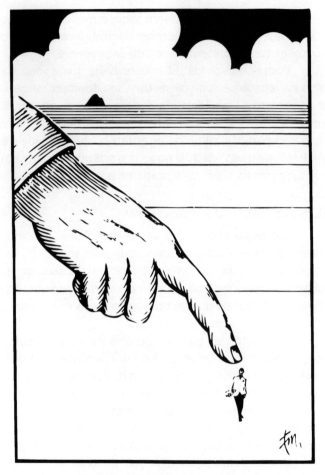

A democracia representativa.

que ambos se identifiquem atual e praticamente. Se a "soberania" residir no povo, isto significará que ela se encontra concretizada numa "Constituição" que assegura, através de consultas eleitorais periódicas, que ela é verdadeiramente a expressão da vontade de todos.

Trata-se de instituições jurídicas e políticas que se desenvolvem e se diferenciam no tempo, isto é, aceitam a sua imperfeição, o seu movimento de diferenciação e a sua mutabilidade. Os princípios que dão forma a uma "Constituição Democrática" assumem a relatividade histórica, criando condições políticas capazes de guardar o "absoluto" fora do campo da política.

O processo de diferenciação de instituições democráticas, a sua "temporalidade", caracteriza-se por assembleias periodicamente eleitas, por governos escolhidos segundo o sufrágio universal por períodos de tempo bem determinados e por um jogo, legalmente estabelecido, entre os diferentes poderes da nação que os mantenham independentes uns dos outros e, ao mesmo tempo, numa relação de equilíbrio.

Os procedimentos democráticos desdobram-se no tempo, isto é, evoluem segundo um processo de diferenciação intimamente vinculado ao *presente*. Isso significa que qualquer transformação da realidade parte do que existe, das instituições tais como se apresentam num momento determinado, para então reformá-las evitando assim, na medida do historicamente possível, todo salto no escuro.

A esfera da representação desenvolve-se nesse espaço de articulação da sociedade por ela mesma, tendo em vista um conjunto de regras que tornam possível que um grupo de cidadãos se separe dos demais para dedicar-se completamente às tarefas da representação política e da gestão da sociedade. Esse processo dá lugar ao nascimento de um espaço público moderno, o dos partidos políticos, das discussões públicas, dos programas partidários e das eleições, bem como da burocratização da política.

Reencontramos aqui a distinção entre a sociedade civil e o Estado enquanto espaços onde o político trilha o seu caminho em diferentes níveis de concretização. Isso quer dizer que a separação entre o domínio social e o político ganha aqui um novo sentido, pois a política não é apenas a tarefa de profissionais que se dedicam ao serviço do Estado, mas ela ocorre na própria sociedade civil.

Ao mesmo tempo que se deve evitar identificar o político com o social, fonte de uma deriva totalitária, é igualmente necessário não fazer da distinção entre a sociedade e o Estado uma separação fixa e rígida, pois ela terminaria por consagrar o espaço da burocracia e a lógica da administração.

Trata-se de ver como a *liberdade política* é reclamada e realizada pelas diferentes instituições da sociedade civil. A história recente do nosso país mostrou a importância dessas instituições para o progresso de nosso processo de democratização. Elas puseram praticamente em relevo que instituições livres e independentes, ao negarem as imposições do Estado, veiculam anseios gerais que encontram nelas formas próprias de expressão.

A sociedade civil não é apenas uma associação de indivíduos, mas de cidadãos que se organizam segundo as suas próprias experiências, segundo as suas profissões e trabalhos e de acordo com os princípios democráticos: a liberdade de expressão, de circulação, de imprensa e de associação.

É somente num tal processo que novas formas de organização da sociedade civil podem surgir, de modo que o povo não seja uma mera palavra ou entidade abstrata, mas uma forma concreta de organização dos indivíduos: o povo organizado. O aprendizado da democracia – e estamos ampliando aqui o conceito clássico de uma democracia representativa – faz-se em microespaços sociais para progressivamente elevar-se ao cimo do Estado. Um povo organizado, estruturado na pluralidade política dos discursos e ações é menos suscetível de adotar a forma de uma "massa" informe de indivíduos, facilmente atraída por demagogos ou líderes ditos populares, como nos mostraram as experiências nazista e stalinista.

O espaço que a sociedade civil abre a si mesma é uma condição essencial da democracia, pois o caminho é estreito entre o "governo da massa" e o controle político-administrativo do Estado sobre a sociedade. Vimos que a sociedade moderna caracteriza-se por duas tendências que, estando igualmente presentes, são porém diferentes: uma precipita a sociedade numa completa atomização, na decomposição do tecido social, e outra impele a sociedade em direção de uma auto-organização de si mesma e de uma reestruturação segundo os ideais da modernidade.

H. Arendt asssinala, a propósito da Revolução Americana, que o seu sucesso deve-se à existência nesse país de um povo organizado, segundo um ideal democrático, em comunas e corpos constituídos que delegavam o poder sem contudo dissolverem-se enquanto força política organizada. A autoridade vinda de baixo não é a ficção de um povo absoluto, mas resulta da articulação destes corpos constituídos em convenções e assembleias. O povo aqui significa um conjunto de cidadãos organizados segundo leis reconhecidas por todos.

A organização autônoma da sociedade segundo leis é um desses problemas de cuja resolução depende o nosso destino enquanto indivíduos livres. Se uma das funções dos partidos políticos consiste na organização da sociedade a partir de princípios e programas, não é também menos verdadeiro que os partidos contribuem para o fortalecimento da burocracia política e da administração estatal. Tanto pode ocorrer alienação dos indivíduos em relação às suas capacidades de intervenção na cena pública – que é a apatia política – como uma reação da sociedade civil contra essa tendência do Estado moderno.

Se tomarmos o princípio da separação dos poderes, elaborado por Montesquieu, como um obstáculo contra a tendência presente em cada um dos poderes de se arrogarem direitos ilimitados sobre o conjunto do Estado, veremos que ele só pode cumprir esse objetivo à condição de permanecer vinculado ao desenvolvimento da sociedade civil. Caso contrário, cada poder pode isolar-se do conjunto da sociedade, criando espaços para que uma máquina administrativa se apodere do controle da sociedade, legitimando ao mesmo tempo a sua forma de dominação política.

O paradoxo da democracia consiste em que, de um lado, ela é talvez a única forma de governo capaz de ampliar e desenvolver os direitos sociais e políticos, inclusive a introdução desses direitos em esferas até então fechadas a esta forma de participação política, mas, de outro lado, para dar satisfação aos novos direitos sociais da população, ela termina por concentrar todo o poder nas mãos do Estado. Burocratização do espaço público, ampliação política dos direitos sociais concomitantemente à sua tradução prática em novas leis positivas e surgimento de novas formas autônomas de organização da sociedade por ela mesma são momentos contraditórios de um mesmo processo de engendramento do Estado moderno.

A democracia representativa está, pois, exposta ao perigo de tornar-se simplesmente formal, na medida em que o seu conjunto de leis não é mais reconhecido pelos cidadãos: Os poderes constituídos se separam assim cada vez mais da sociedade. Foi com esse intuito que insistimos sobre o conceito de "povo organizado", ao mostrar que ele é uma condição essencial do processo de articulação da sociedade como o Estado, de modo que as instituições democráticas não venham a ser um mero instrumento de dominação do Estado e dos grupos e classes sociais a ele afiliados.

O fenômeno dos partidos políticos ilustra bem esse processo, uma vez que se pode observar como o seu lado organizacional termina por primar sobre os projetos sociais e políticos que aqueles partidos veiculam. O discurso político divorcia-se da ação tornando-se um conjunto de palavras de ordem ou um ideal que não exerce um poder real sobre a ação. Esta vem a ser medida por critérios meramente instrumentais, em função da sua eficácia e dos interesses da máquina partidária.

Os partidos políticos são, de um lado, máquinas que funcionam segundo interesses próprios, podendo estes serem conflitantes com o bem-estar geral da sociedade e, de outro, fatores *ativos* do processo de estruturação da sociedade civil. Através deles as ações sociais adquirem um significado político.

Entretanto esse significado político pode ganhar um caráter corporativo também suscetível de entrar em colisão com o interesse geral. Para que a organização partidária possa realmente existir e ser eficaz, ela deve expressar interesses setoriais e particulares que são vinculados, no nível do discurso, aos interesses do conjunto da sociedade e do Estado. Mas, na medida em que a meta de todo partido político é chegar ao poder, as exigências que os partidos veiculam têm um sentido fortemente instrumental pois, uma vez no poder, eles devem necessariamente encenar o bem comum e realizá-lo praticamente. Resulta desse processo uma dualidade de discursos segundo a posição daqueles que os enunciam: se, na oposição, o discurso é um; se no poder, ele é outro. São precisamente tais processos que terminam por desacreditar as organizações partidárias, enfraquecendo os laços políticos que cimentam as relações sociais através de uma descrença generalizada da população em suas próprias instituições. São processos desse tipo que anunciam a morte de determinadas formas de Estado.

A APATIA POLÍTICA

A apatia política e a inércia dos cidadãos diante dos assuntos políticos tornam-se um problema estrutural da democracia moderna. A política chega a tomar a forma de um "negócio", particular como qualquer outro, diluindo o próprio sentido comunitário da ação política.

O Estado democrático representativo põe em cena um grupo ativo, encarregado da representação, e um grupo que, se permanece atomizado e voltado para a satisfação dos interesses materiais, tende à passividade.

O primeiro é o grupo dos políticos de profissão que se dedicam totalmente às tarefas da política, o que os impele a confundir os seus próprios interesses com o bem comum, sendo isto particularmente claro no que diz respeito à tecnoburocracia estatal. Um tal processo de apropriação particular do público pode adotar formas de dominação social e política anunciadoras de um controle total da sociedade pelo Estado.

O segundo grupo, o dos governados, volta-se para as suas atividades pessoais e privadas, sendo destituídos da possibilidade de intervir politicamente nos assuntos públicos. O social tende assim a uma desarticulação política, podendo resultar numa decomposição da sociedade enquanto tal. Os cidadãos tornam-se assim indivíduos apáticos e uma massa de manobra para os grupos políticos que disputam o controle do poder.

Embora a representação política seja originariamente uma forma de delegação de poder, ela tende, sob as condições do Estado moderno, a tornar-se um poder desvinculado daquilo que é precisamente a "delegação". Com efeito, o problema reside no modo de enfocar este processo de representação política, pois se a democracia, enquanto forma de governo, fica restringida à vida de um parlamento afastado da vida da nação, legislando sobre esta sem consultá-la, a sociedade é tomada por um processo geral de desinteresse para com a "coisa pública". A própria "coisa pública" vem a ser considerada como algo que pertence aos políticos e não à nação no seu conjunto.

Ora, a apatia política é precisamente um *conceito negativo* da democracia, sendo contudo um elemento que a constitui. Ademais, a apatia produzida por essa forma política moderna de delegação do poder é fortalecida pela apatia social e nascida da uniformização da sociedade, isto é, dos padrões de comportamento padronizados que regem a vida de nossas sociedades. A padronização do comportamento faz com que os indivíduos, voltados para a satisfação dos seus interesses materiais através do consumo de objetos recorrentemente novos, fujam das suas responsabilidade no tocante à coletividade.

Criam-se reações a tudo o que provém da esfera público-política, sendo esta assimilada ao que assegura a continuação e a repetição desse tipo de comportamento. A indiferença dos indivíduos e grupos sociais uns em relação aos outros, bem como a legitimação do Estado enquanto domínio independente situado acima dos cidadãos e da sociedade no seu conjunto são consequências desse processo.

Consequentemente, instaura-se um círculo vicioso, uma vez que a apatia política, ao dar lugar à apatia social, termina por fortalecer-se. A apatia social, caracterizada assim como um acomodamento dos indivíduos e grupos sociais em relação ao Estado, vem a ser um momento necessário dessa instância política superior ao delegar-lhe o poder de assegurar o desenvolvimento desse comportamento padronizado.

O Estado vincula-se, dessa maneira, ao social, surgindo como uma forma da providência cuja função é resolver os problemas gerados por uma sociedade voltada para a uniformização dos seus padrões de comportamento e determinada por contradições socioeconômicas que os põem também em questão.

O circuito, podendo dar lugar a uma concepção ativa da cidadania, rompe-se, de tal modo que o discurso político, cujas funções são as de exprimir o interesse geral, de reunir os indivíduos em torno de um mesmo projeto e de se constituir enquanto início de uma nova ação política, torna-se um mero "discurso burocrático". Apoderado por um grupo social determinado que, sob a aparência do bem comum, veicula interesses particulares, esse discurso termina por impedir o nascimento de uma ação verdadeiramente política, transformando-se em um laço ideológico que, de fato, isola os indivíduos uns dos outros em vez de ligá-los.

Opera-se uma "filtragem" dos discursos e palavras políticas através dos quais a sociedade se representa e se põe em relação consigo. Com o discurso político perdendo a sua significação, a opinião pública vê-se reduzida a diferentes tipos de discursos que possuem em comum a perda do sentido político, isto é, o critério de avaliação dos discursos é determinado pelo Estado segundo as suas conveniências, como é o caso da censura, que tão bem conhecemos.

Uma sociedade cujo "barulho" não é o de uma discussão ou de uma polêmica expressando a pluralidade do social torna-se vítima de uma uniformização política e de um mutismo social. Calar a sociedade civil significa *desarticular* a pluralidade dos discursos políticos e não enunciar o que, de direito, corresponde à vida pública da sociedade.

O discurso político, que é um discurso de "opinião", ou melhor, de "opiniões" exprimindo a mutabilidade e a imprevisibilidade da práxis humana, pode então, sob determinadas condições históricas, tornar-se propriedade de um grupo político que pretende veicular a "verdade" das relações sociais e políticas.

Ora, um tal discurso político pode apenas produzir-se no seio de uma sociedade cuja esfera social, ao ser regida pelos valores do bem-estar material e do lucro, assegura imperfeitamente a realização desses valores e o faz ao preço de enormes contradições sociais. A esfera política resultante desse processo tomará frequentemente a forma de reivindicações sociais e políticas desvinculadas de um projeto democrático de sociedade.

A mudança de sentido do discurso político, ao adotar uma tal vestimenta social, abre caminhos a discursos de tipo "científico" que pretendem assegurar as melhores formas de realização do bem-estar geral graças à intervenção do Estado. Sob o disfarce da ciência, procura-se na verdade submeter formas de sociabilidade democrática existentes, afastando-as da cena pública.

A sociedade, perdendo a sua capacidade política de agir, faz com que os seus membros se retirem para a esfera privada enquanto lugar de satisfação dos seus interesses materiais. A política é assumida por um corpo de representantes que se arroga o direito de agir em nome de todos. A ação política perverte-se quando a apatia se apodera da sociedade.

Em Estados democráticos, as decisões políticas podem inclusive tornar-se para os eleitores um simples exercício de escolha entre diferentes candidatos, sem que um verdadeiro sentido público se faça presente. Trata-se de um processo que pode facilmente degenerar numa degradação da cena pública, impedindo o surgimento de novos atores sociais e de novas formas de participação autônoma na vida comunitária. A política pode tomar a forma de um "espetáculo" que não engaja verdadeiramente os espectadores.

Tomemos a modo de exemplo a corrupção política que grassa em nosso país enquanto forma de apatia política. Falava-se abertamente há pouco tempo de quanto custa o voto de um "eleitor" do Colégio Eleitoral, escândalos financeiros não são jamais apurados e o próprio comprometimento de setores do aparelho estatal com o que é pudicamente chamado de "interesses excusos" não é investigado. Embora hoje a imprensa veicule amplamente esses fatos, é muito menos frequente que se pergunte sobre a significação de tal fenômeno.

Diante de um tal espetáculo, nada mais "natural" do que considerar a corrupção como algo "normal", pertencente à nossa história e ao modo de funcionamento do Estado. A "política" significa aqui um negócio daqueles que se aproveitam dela. Em consequência, desaparece também a vinculação do político com o bem público, tendo como efeito uma posição do tipo niilista em relação ao real, aceito simplesmente porque existe.

Não se trata, pois, no nosso entender, de compreender a corrupção como um elemento constitutivo de nossa história, mas de ver que, hoje, ela alcança níveis até então desconhecidos, implicando uma *diferença de natureza* em relação ao passado. A corrupção apoderou-se do que resta de uma cena pública estatal, impedindo precisamente a encenação e realização do bem público. Ora, somente uma tal encenação é capaz de gerar o sentido da comunidade, do que é político e do que é coletivo, fazendo com que os cidadãos se interessem pela política, ou seja, pelo que pertence, de direito, a todos.

Se nos acostumarmos a uma corrupção política como a nossa, sem criarmos mecanismos e freios que a limitem, seguir-se-á uma apatia política diante do que é público. O sentido do que é comum não é engendrado e as portas ficam escancaradas para o surgimento de regimes políticos baseados na corrupção, na apatia e na eliminação da cena pública. O que está em jogo é a incompatibilidade entre uma tal corrupção política e a democracia.

O empobrecimento da cena pública engendra novos espaços sociais onde germinarão projetos políticos que visam destruir as instituições existentes inclusive naquilo que elas têm de democrático. As lutas políticas fundar-se-ão em concepções diametralmente distintas do que deve ser o poder político, ou seja, a noção de exclusão, e particularmente da eliminação violenta dos adversários, tomará conta do discurso político e dos combates sociais.

As instituições existentes perdem assim a sua consistência própria, isto é, aquilo que lhes dá valor enquanto expressão de uma determinada forma de bem comum e de normas democráticas de regulação da vida social. Tudo vem a ser mera aparência, como observamos nos discursos políticos que tacham a democracia de "burguesa" como se fosse nada mais do que uma forma política de encenação do "capital". Confunde-se a criança com a placenta, fica-se com a segunda e joga--se a primeira no lixo.

Esboça-se no horizonte uma sociedade onde toda questão política transforma-se numa questão técnica e toda interrogação sobre o *valor* dessas formas políticas vem a ser uma questão destituída de significado, pois cai fora das fronteiras existentes daquilo que é permitido pensar.

A ENCRUZILHADA DO FUTURO

Vimos que uma característica essencial do Estado e da sociedade modernos é a busca do bem-estar material enquanto princípio que rege as ações humanas e o modo de organização do social. O Estado fortaleceu-se e os cidadãos viram restringidas as suas possibilidades de intervenção política.

A época moderna, glorificando o trabalho e a igualdade no seu sentido material e social, fez com que a sociedade se tornasse uma sociedade de trabalhadores, voltada para a satisfação material e para a acumulação de riquezas. No momento em que nas democracias ocidentais dos Estados industrializados criavam-se condições para uma emancipação do trabalho, os homens tornaram-se incapazes de agir livre e politicamente.

É necessário lembrarmos que apenas recentemente o trabalho ganhou uma conotação positiva, como por exemplo em Hegel e Marx, enquanto na Idade Média ele era considerado como uma atividade penosa e negativa, ou seja, o estado daqueles que sofrem. Esta confluência de significações é tragicamente clara no lema dos campos de concentração nazistas "O trabalho libera" ou, ainda, nos campos de reeducação de alguns Estados socialistas baseados no trabalho forçado.

Dada a forma socioeconômica de organização da sociedade, esta "emancipação do trabalho" tem tomado a forma "perversa" do desemprego, o que, em vez de conduzir a uma reorganização dessas sociedades democráticas em direção de uma ampliação de suas liberdades, tem resultado num enfraquecimento do tecido social e em condições que viabilizam uma explosão social.

Esta situação torna-se ainda mais grave em países menos livres e industrializados que, organizados segundo os mesmos valores do bem-estar material (sendo o nosso "desenvolvimento econômico" uma das suas vertentes), se encontram hoje diante da necessidade de repensar o seu espaço público. O nosso desenvolvimento econômico recente, seguindo os passos de um fortalecimento do Estado e da destruição cega das formas de sociabilidade tradicionais existentes, engendrou uma nova "pobreza", nascida das novas condições capitalistas do país. Contradições sociais graves de um lado, subordinação econômico-financeira aos centros do capitalismo de outro, configuram uma cena política caracterizada pelo cruzamento de vários caminhos: uns podendo levar a uma reinvenção da democracia, outros ao seu total menosprezo.

A questão é a de saber se as transformações sofridas pela sociedade e pelo Estado, tratando-se de aumento ou diminuição dos impostos, de ampliação ou encolhimento da esfera de atuação do Estado, de maior ou menor satisfação dos direitos sociais, vão ou não no sentido de uma maior consciência e participação política dos cidadãos.

Uma vez que se pode definir o totalitarismo como um regime político que tudo procura prever e controlar, eliminando a livre iniciativa dos indivíduos, pode-se definir a democracia como um regime que aceita, em seus próprios princípios, o surgimento do imprevisível e a livre atuação política dos cidadãos. Ora, um tal princípio democrático é objeto, nos Estados modernos, de limitações burocráticas progressivas que terminam por restringir as esferas possíveis da ação política. A regulamentação burocrática da própria contingência e imprevisibilidade do agir político pode ser um desses lugares onde pode nascer um projeto burocrático autoritário ou totalitário de dominação da sociedade.

Uma contradição básica dos Estados modernos democráticos é que, simultaneamente, todos os cidadãos têm igualmente acesso à cena pública e, dada a forma das relações socioeconômicas, diferentes grupos sociais são excluídos, não só do mercado de trabalho, mas da própria possibilidade de atuar politicamente.

No nível dos valores que regem esse Estado, observa-se que noções como bem-estar e interesse geral perdem o seu significado, uma vez que uma parte da sociedade não consegue usufruir dos seus progressos materiais. Nada mais fácil que confundir o conceito de democracia com o de uma forma de exploração social, como se uma suposta resolução dos problemas mais graves da desigualdade social fosse por si só uma resposta às questões da organização política da sociedade e dos seus valores e leis.

O Estado, numa tal situação, exerce sobre os indivíduos excluídos e sobre uma parte da intelectualidade um sentimento misto de atração e de repulsão. Atração, pois ele é representado como sendo capaz de resolver os males sociais; repulsão, uma vez que ele é também a causa desses ou de outros males. São frequentes os casos de intelectuais fascinados por experiências de Estados autoritários e totalitários, sendo os exemplos nazistas e stalinistas suficientemente eloquentes.

Entretanto, o fato de que uma massa de indivíduos "se libere" das noções de bem-estar material e geral não se dá apenas ao nível individual, porém ela ocorre também na própria lógica administrativa do Estado. Embora seja verdade que o Estado moderno funda-se no bem-estar da sociedade, não é menos verdadeiro que essa máquina funciona a partir de móbiles e interesses próprios. Isso significa que o enfraquecimento desses valores em proveito do Estado e de alguns grupos sociais que lucram com essa desagregação da sociedade se traduz numa perda da encenação política do que é público.

A encenação política do que é público não denota uma mera aparência, um mero jogo mascarado de uma forma de exploração social que não ousa dizer claramente o seu nome. Ao contrário, ela é uma forma de elevação da ação política, uma procura consciente do que é comunitário. É somente graças ao espaço institucional onde se dá esse processo que se pode falar de regras e normas que norteiam e regulam o desdobramento das lutas sociais e políticas. O conceito de democracia pressupõe um conjunto de leis cuja função é a de articular o processo contraditório da sociedade e do Estado, de modo que o entendimento político entre os diferentes grupos e classes sociais, bem como dos partidos políticos, possa se fazer a partir de valores comuns reconhecidos enquanto tais. A encenação do bem público é uma forma política de criação de um sentido comunitário.

Quando a sociedade já não encena a sua comunidade política, as instituições tornam-se formais, não expressando a livre atuação de todos. As instituições são assim utilizadas em proveito dos grupos sociais e políticos dominantes, de tal maneira que a descrença nas relações políticas existentes se apodera dos indivíduos. A violência social vem a ser então uma consequência dessa desestruturação dos modos políticos de funcionamento da sociedade e desse enfraquecimento da encenação e concretização do que é público.

A cena pública democrática, para permanecer "pública" e "democrática", deve contar com as condições próprias da sociedade moderna nas contradições sociais que a constituem. Isso quer dizer que, sendo ela fundamentalmente um *processo* de atualização política dos seus valores, das suas instituições e da consciência dos seus cidadãos, a democracia tem, digamos, um "fundo falso", isto é, ela não se apoia sobre nada de sólido ou substancial fora de si, mas sobre si mesma em sua contingência.

O espaço da democracia é habitado por indivíduos e grupos sociais cujo objetivo é a eliminação das instituições democráticas, tendo em vista o encaminhamento que é dado às contradições sociais que a perpassam. A máquina administrativa, policial e militar do Estado pode passar ao controle dessas mãos, sufocando qualquer possibilidade de desenvolvimento de uma sociabilidade e de um Estado democrático. Uma tal rearticulação política do social pressupõe a eliminação da cena pública, a dominação pela força da sociedade civil e a supressão do livre jogo das instituições.

A grande questão à qual se enfrenta então a democracia moderna é a de que, no seu modo de funcionamento, ela permanece um governo de minoria, na medida em que as suas leis e instituições não são efetivamente vistas e apreciadas pela maioria dos cidadãos como expressão do bem comum. A experiência dos movimentos totalitários mostrou o quão formais eram algumas formas de Estado democrático então existentes.

O que se esconde nos Estados democráticos é essa imensa massa de indivíduos que não comparecem nos lugares públicos, que não ocupam um espaço político, que não estão sindicalizados e podem inclusive não atribuir nenhuma importância às eleições. Essa parte digamos "invisível" desses regimes políticos existe sem que se possa determinar precisamente o que ela é.

Se tomarmos a história recente de nosso país, nesse imenso exercício de democracia que foram as manifestações públicas em prol das eleições diretas para presidente da República, observaremos a criação de uma cena pública democrática única em nossa história. Ela é, de um lado, a *culminação política* de um processo de *democratização social* da sociedade brasileira em seu conjunto, fruto de um efetivo processo de realização da liberdade política, mas, de outro, ela anuncia, no fato de que os seus objetivos não foram alcançados, um retorno desses indivíduos aos lugares de onde surgiram.

Onde é que eles estão? O que pensam? Como viveram esse fracasso imediato de suas reivindicações de democracia? O que se joga no nosso processo histórico é precisamente o encaminhamento político a ser dado às questões mais urgentes e abrangentes da democracia, pois, se o povo mostrou no seu *aparecimento público* ser capaz de enunciar o que quer, nada mais perigoso do que deixar que a desilusão e a humilhação se apoderem da grande massa da população.

A existência política do povo não é um dado fixo, mas algo que depende do movimento através do qual a sociedade apresenta-se a si e enuncia na cena pública as suas aspirações e projetos. O próprio conceito de povo é algo posto por uma atividade política que tenta estruturar através de valores comuns o que deve ser um Estado democrático.

O olhar do que vemos e a percepção daquilo que nos está escondido varia segundo os domínios de visibilidade que nos damos em nossa tentativa de pensar o social e o político. Podemos ver além do que habitualmente vemos se aprendermos a escrutar a significação daquilo que foge do nosso olhar, pois tanto podemos nos assustar com a nossa própria sombra como reconhecer nela o trajeto do nosso caminhar.

Sendo a democracia, não um ideal de sociedade perfeita, mas um projeto que parte da sua própria imperfeição, sendo pois algo que depende basicamente de uma *vontade* política, o desafio que a nossa sociedade nos lança hoje é bem o de repensar o sentido da nossa vida pública, aprofundando um processo de democratização social que não conseguiu ainda democratizar o mecanismo de funcionamento estatal, mas que caminha nessa direção. Caso contrário corremos o risco de aumentar o processo de desagregação social e política em que vivemos, fortalecendo grupos políticos adversos desta tendência democrática atual e arriscando fazer com que o país caia sob o jugo de um Estado com características autoritárias talvez ainda mais fortes.

Se em diferentes momentos do século XX os destinos da civilização ocidental foram enunciados em termos de uma alternativa entre o socialismo e capitalismo, é porque se acreditou que um fosse a redenção da humanidade e o outro a sua perda. A partir do momento em que nosso século viveu a tragicidade de uma tal alternativa tendo em vista e evolução das experiências do socialismo "realmente existente" e das transformações sociais e democráticas sofridas pelas sociedades capitalistas, a *questão da democracia* é bem a questão crucial do nosso tempo. Ou a recriamos e reinventamos, ou estamos condenados a uma perda progressiva da liberdade política com a desagregação social, política e cultural que ela comporta. O destino da democracia veio a ser o nosso próprio destino.

Indicações para leitura

Arendt, Hannah. *A condição humana*. Rio de Janeiro, Forense-Universitária, 1983. Livro capital para conhecer o pensamento desta autora. Trata-se de uma obra que analisa o conceito de homem através das várias formas do fazer humano. Entre na leitura com bastante fôlego, pois o caminho é às vezes árduo.

_____. *Da revolução*. São Paulo, Ática/UnB, 1988. Numa época em que tanto se fala de revolução, a leitura deste livro é imprescindível, pois a autora analisa os vários significados desta palavra numa reflexão feita a partir das Revoluções Francesa e Americana. O caminho de leitura não apresenta dificuldades, sendo apaixonante.

Bobbio, N. *Qual socialismo?* Rio de Janeiro, Paz e Terra, 1983. Livro atento em relação à questão atual do socialismo e da democracia. Leitura acessível.

_____. *Teoria das formas de governo*. Ed. Universidade de Brasília, 1982. Livro sucinto que coloca numa perspectiva histórica as diferentes formas de governo. Recomendável para todos aqueles que se interessam pelos significados das palavras monarquia, aristocracia e democracia, assim como pelas suas formas degeneradas.

Chauí, Marilena. *Cultura e democracia*. São Paulo, Brasiliense, 1981. Leitura acessível de um texto bem exposto.

Dumont, Louis. *Ensaios sobre o individualismo*. São Paulo, 1986. Leitura recomendada para todos os que gostam de explorar o caminho pelo qual se constituiu o homem moderno.

Enciclopédia de Diderot. Verbetes: democracia, tirania, tirano e lei natural. Se você lê francês, aproveite logo uma reedição desta obra a preços acessíveis.

Giannoti, José A. "Res publica, Res populi". In: *Filosofia politica I*. Porto Alegre, LPM Editores, 1984. Artigo que repensa o conceito de coisa pública. A leitura, desta vez, não é difícil.

Lebrun, Gerard. *O que é poder*. São Paulo, Brasiliense, 1981. Se você não sabe o que é poder, inicie-se logo.

Lefort, Claude. *A invenção democrática*. São Paulo, Brasiliense, 1983. Livro estimulante que pensa os desafios contemporâneos da democracia numa perspectiva original. Leitura de dificuldade média.

Polanyi, Karl. *A grande transformação*. Rio de Janeiro, Campus, 1984. Leitura fundamental para pensar o advento social da sociedade de mercado. Não deixe de lê-lo. O caminho é cheio de surpresas.

Tocqueville, Alexis de. *O antigo regime e a revolução*. Brasília, Ed. Universidade de Brasília, 1981. Se você quer refletir sobre o surgimento do Estado moderno, não deixe de ler este livro. A marcha de leitura não apresenta maiores obstáculos.

Sobre o autor

Nasci em Porto Alegre, em novembro de 1950. Comecei os meus estudos universitários na Universidade Federal do Rio Grande do Sul, mas graduei-me na Universidade Nacional Autônoma do México em 1975. Prossegui os meus estudos de Filosofia em Paris, onde obtive o Doutorado de Estado na Universidade de Paris I Pantheón – Sorbonne em 1982.

Voltei ao Brasil no mesmo ano, começando a minha atividade docente no Departamento de Filosofia e no Curso de Pós-graduação em Filosofia da UFRGS, onde atualmente leciono e pesquiso. Sou pesquisador do CNPq.

Sou autor de *Política e liberdade em Hegel* por esta mesma editora e *Do mal* na LPM Editores.

Coleção Primeiros Passos
Uma Enciclopédia Crítica

ABORTO	CAPITAL INTERNACIONAL	DIPLOMACIA
AÇÃO CULTURAL	CAPITALISMO	DIREITO
ACUPUNTURA	CETICISMO	DIREITOS DA PESSOA
ADMINISTRAÇÃO	CIDADANIA	DIREITOS HUMANOS
ADOLESCÊNCIA	CIDADE	DIREITOS HUMANOS DA
AGRICULTURA SUSTENTÁVEL	CIÊNCIAS COGNITIVAS	MULHER
AIDS	CINEMA	DOCUMENTAÇÃO
AIDS – 2ª VISÃO	COMPUTADOR	DRAMATURGIA
ALCOOLISMO	COMUNICAÇÃO	ECOLOGIA
ALIENAÇÃO	COMUNICAÇÃO	EDITORA
ALQUIMIA	EMPRESARIAL	EDUCAÇÃO
ANARQUISMO	COMUNICAÇÃO RURAL	EDUCAÇÃO AMBIENTAL
ANGÚSTIA	COMUNIDADES	EDUCAÇÃO FÍSICA
APARTAÇÃO	ALTERNATIVAS	EDUCACIONISMO
APOCALIPSE	CONSTITUINTE	EMPREGOS E SALÁRIOS
ARQUITETURA	CONTO	EMPRESA
ARTE	CONTRACEPÇÃO	ENERGIA NUCLEAR
ASSENTAMENTOS RURAIS	CONTRACULTURA	ENFERMAGEM
ASSESSORIA DE IMPRENSA	COOPERATIVISMO	ENGENHARIA FLORESTAL
ASTROLOGIA	CORPO	ENOLOGIA
ASTRONOMIA	CORPOLATRIA	ESCOLHA PROFISSIONAL
ATOR	CRIANÇA	ESCRITA FEMININA
AUTONOMIA OPERÁRIA	CRIME	ESPERANTO
AVENTURA	CULTURA	ESPIRITISMO
BARALHO	CULTURA POPULAR	ESPIRITISMO 2ª VISÃO
BELEZA	DARWINISMO	ESPORTE
BENZEÇÃO	DEFESA DO CONSUMIDOR	ESTATÍSTICA
BIBLIOTECA	DEFICIÊNCIA	ÉTICA
BIOÉTICA	DEMOCRACIA	ÉTICA EM PESQUISA
BOLSA DE VALORES	DEPRESSÃO	ETNOCENTRISMO
BRINQUEDO	DEPUTADO	EXISTENCIALISMO
BUDISMO	DESIGN	FAMÍLIA
BUROCRACIA	DESOBEDIÊNCIA CIVIL	FANZINE
CAPITAL	DIALÉTICA	FEMINISMO

Coleção Primeiros Passos
Uma Enciclopédia Crítica

FICÇÃO
FICÇÃO CIENTÍFICA
FILATELIA
FILOSOFIA
FILOSOFIA CONTEMPORÂNEA
FILOSOFIA DA MENTE
FILOSOFIA MEDIEVAL
FÍSICA
FMI
FOLCLORE
FOME
FOTOGRAFIA
FUNCIONÁRIO PÚBLICO
FUTEBOL
GASTRONOMIA
GEOGRAFIA
GESTO MUSICAL
GOLPE DE ESTADO
GRAFFITI
GRAFOLOGIA
GREVE
GUERRA
HABEAS CORPUS
HERÓI
HIEROGLIFOS
HIPNOTISMO
HISTÓRIA
HISTÓRIA DA CIÊNCIA
HISTÓRIA DAS MENTALIDADES
HISTÓRIA EM QUADRINHOS
HOMEOPATIA
HOMOSSEXUALIDADE
IDEOLOGIA
IGREJA
IMAGINÁRIO
IMORALIDADE
IMPERIALISMO
INDÚSTRIA CULTURAL
INFLAÇÃO
INFORMÁTICA
INFORMÁTICA 2ª VISÃO
INTELECTUAIS
INTELIGÊNCIA ARTIFICIAL
IOGA
ISLAMISMO
JAZZ
JORNALISMO
JORNALISMO SINDICAL
JUDAÍSMO
JUSTIÇA
LAZER
LEGALIZAÇÃO DAS DROGAS
LEITURA
LESBIANISMO
LIBERDADE
LÍNGUA
LINGUÍSTICA
LITERATURA INFANTIL
LITERATURA DE CORDEL
LIVRO-REPORTAGEM
LIXO
LOUCURA
MAGIA
MAIS-VALIA
MARKETING
MARKETING POLÍTICO
MARXISMO
MATERIALISMO DIALÉTICO
MEDIAÇÃO DE CONFLITOS
MEDICINA ALTERNATIVA
MEDICINA POPULAR
MEDICINA PREVENTIVA
MEIO AMBIENTE
MENOR
MÉTODO PAULO FREIRE
MITO
MORAL
MORTE
MULTINACIONAIS
MÚSICA
MÚSICA BRASILEIRA
MÚSICA SERTANEJA
NATUREZA
NAZISMO
NEGRITUDE
NEUROSE
NORDESTE BRASILEIRO
OCEANOGRAFIA
OLIMPISMO
ONG
OPINIÃO PÚBLICA
ORIENTAÇÃO SEXUAL
PANTANAL
PARLAMENTARISMO
PARLAMENTARISMO MONÁRQUICO
PARTICIPAÇÃO
PARTICIPAÇÃO POLÍTICA
PATRIMÔNIO CULTURAL IMATERIAL

Coleção Primeiros Passos
Uma Enciclopédia Crítica

PATRIMÔNIO HISTÓRICO
PEDAGOGIA
PENA DE MORTE
PÊNIS
PERIFERIA URBANA
PESSOAS DEFICIENTES
PODER
PODER LEGISLATIVO
PODER LOCAL
POLÍTICA
POLÍTICA CULTURAL
POLÍTICA EDUCACIONAL
POLÍTICA NUCLEAR
POLÍTICA SOCIAL
POLUIÇÃO QUÍMICA
PORNOGRAFIA
PÓS-MODERNO
POSITIVISMO
PRAGMATISMO
PREVENÇÃO DE DROGAS
PROGRAMAÇÃO
PROPAGANDA IDEOLÓGICA
PSICANÁLISE 2ª VISÃO
PSICODRAMA
PSICOLOGIA
PSICOLOGIA COMUNITÁRIA
PSICOLOGIA SOCIAL
PSICOTERAPIA
PSICOTERAPIA DE FAMÍLIA
PSIQUIATRIA ALTERNATIVA
PSIQUIATRIA FORENSE
PUNK
QUESTÃO AGRÁRIA
QUESTÃO DA DÍVIDA

EXTERNA
QUÍMICA
RACISMO
RADIOATIVIDADE
REALIDADE
RECESSÃO
RECURSOS HUMANOS
RELAÇÕES INTERNACIONAIS
REMÉDIO
RETÓRICA
REVOLUÇÃO
ROBÓTICA
ROCK
ROMANCE POLICIAL
SEGURANÇA DO TRABALHO
SEMIÓTICA
SERVIÇO SOCIAL
SINDICALISMO
SOCIOBIOLOGIA
SOCIOLOGIA
SOCIOLOGIA DO ESPORTE
STRESS
SUBDESENVOLVIMENTO
SUICÍDIO
SUPERSTIÇÃO
TABU
TARÔ
TAYLORISMO
TEATRO
TEATRO INFANTIL
TEATRO NÔ
TECNOLOGIA
TELENOVELA
TEORIA

TOXICOMANIA
TRABALHO
TRADUÇÃO
TRÂNSITO
TRANSPORTE URBANO
TRANSEXUALIDADE
TROTSKISMO
UMBANDA
UNIVERSIDADE
URBANISMO
UTOPIA
VELHICE
VEREADOR
VÍDEO
VIOLÊNCIA
VIOLÊNCIA CONTRA A
 MULHER
VIOLÊNCIA
 URBANA
XADREZ
ZEN
ZOOLOGIA